中国第二粮仓发展战略与实践

Development Strategy and Practice of the Second Granary in China

张正斌 徐 萍 段子渊 刘 坤 李 贵 著

科学出版社

北 京

内 容 简 介

我国有 18 亿亩耕地,其中有 78.5%的中低产田(约 14 亿亩),旱地占 50%以上(9 亿多亩)。东北平原、华北平原和长江中下游平原这三大平原是我国第一粮仓,广大的中低产田是我国的第二粮仓,是中国可持续发展的希望田野。本书第一部分是在国家层面研讨了中低产田第二粮仓在保障国家粮食、经济和生态安全方面的重要战略地位;第二部分介绍了黄淮南片粮仓发展战略及作者近年来在以半湿润雨养旱地农业为主的淮北平原建设淮北粮仓的实践;第三部分是针对华北水资源高效利用、生态文明建设重点应转向农区和城镇等方面提出的有关重要建议;第四部分重点介绍了黄土高原发展经济生态果业是我国农业供给侧改革的典型等。

本书可作为大专院校和科研单位从事区域农业发展、中低产田改造、粮食安全、绿色高效现代农业、农业供给侧改革等方面研究的师生及科研工作者的参考用书,以及农业政府机构和农村群众、基层干部的学习读物。

图书在版编目(CIP)数据

中国第二粮仓发展战略与实践 / 张正斌等著. —北京:科学出版社,2017.5

ISBN 978-7-03-052061-6

Ⅰ. ①中… Ⅱ. ①张… Ⅲ. ①粮食产区-农业发展-研究-中国 Ⅳ. ①F326.11

中国版本图书馆 CIP 数据核字(2017)第 047666 号

责任编辑:李秀伟 岳漫宇 / 责任校对:郑金红
责任印制:张 伟 / 封面设计:刘新新

科学出版社 出版
北京东黄城根北街 16 号
邮政编码:100717
http://www.sciencep.com

北京京华虎彩印刷有限公司 印刷
科学出版社发行 各地新华书店经销

*

2017 年 5 月第 一 版　开本:B5(720×1000)
2017 年 5 月第一次印刷　印张:10 1/2
字数:212 000
定价:80.00 元
(如有印装质量问题,我社负责调换)

要立足打造全国粮食生产核心区这一目标和任务，在提高粮食生产能力上开辟新途径、挖掘新空间、培育新优势。粮食生产根本在耕地，命脉在水利，出路在科技，动力在政策，这些关键点要一个一个抓落实、抓到位，努力在高基点上实现粮食生产新突破。家庭经营和规模经营要统一起来，积极稳妥推进土地流转，加快农业现代化进程。

习近平

（引自新华网 http://news.xinhuanet.com/photo/2014-05/10/c_126484765.htm）

新形势下，农业主要矛盾已经由总量不足转变为结构性矛盾，主要表现为阶段性的供过于求和供给不足并存。推进农业供给侧结构性改革，提高农业综合效益和竞争力，是当前和今后一个时期我国农业政策改革和完善的主要方向。要以市场需求为导向调整完善农业生产结构和产品结构，以科技为支撑走内涵式现代农业发展道路，以健全市场机制为目标改革完善农业支持保护政策，以家庭农场和农民合作社为抓手发展农业适度规模经营。在我们这样一个有13亿多人口的大国，保障粮食安全始终是国计民生的头等大事。要研究和完善粮食安全政策，把产能建设作为根本，实现藏粮于地、藏粮于技。要保护好耕地特别是基本农田，加大对农田水利、农机作业配套等建设支持力度，提高农业物质技术装备水平，切实夯实农业基础。

习近平

（引自人民网 http://cpc.people.com.cn/n1/2016/0309/c64094-28184378.html）

序

  中国是个人口大国，食物安全和环境友好是中国现代农业发展的终极目标。中国有 18 亿亩[①]耕地，其中中低产田面积约 14 亿亩，旱地面积有 9 亿多亩。中国粮食的丰歉，除了主要靠东北平原、华北平原和长江中下游平原作为中国第一粮仓主体支撑，还受广大中低产田地区丰歉的高度左右，改造中低产田、建设中国第二粮仓是藏粮于地的根本所在。张正斌研究员长期从事我国粮食安全和水资源安全及现代农业发展战略研究，近几年提出"改造中低产田加快黄淮南片粮仓建设"的建议，受到国家有关部门的重视，认为改造中低产田建设"第二粮仓"是中国农业生产潜力提高的必由之路。中国科学院在我国南北过渡带、淮北平原半湿润雨养农业地区安排了科技服务网络计划（STS 计划）项目，淮北科技增粮县域技术集成与示范，实施后达到阶段目标。张正斌研究员建议京津冀应发展适水型高效产业体系；同时他针对黄土高原发展经济生态果业取得的实际进展，建议国家重点支持将经济生态果业作为黄土高原区域发展的主导产业之一。以上这些中国第二粮仓的发展战略和实践都符合我国农业发展的实际情况，对我国现代农业区域发展有重要的指导意义。

  张正斌同志勤于探索思考，长期和我保持学术思想交流，我很高兴为该书写序，希望该书能在中国第二粮仓建设等方面发挥一定的积极促进作用。

山仑
中国工程院院士
2017 年 1 月 31 日

---

① 1 亩 ≈ 666.7 m^2

前　言

　　人的一生很快，不知不觉已经55岁了，还没有干出几件重要的事情，就在忙忙碌碌中度过了中年阶段。虽然我们不是历史的创造者和引领者，但我们是历史发展的过路客和见证者，作为一个农业科研领域的学者，应该成为我国现代农业发展变化的记载者、推动者和建设者。

　　读万卷书，行万里路。处处留心皆学问，实践出真知，科研的问题来源于实践，搞农业科研的出路就在广阔的田野。有探险的脚就有开拓的路，有创新的想法就要转变成落实的行动。只有与时俱进，抓住机遇，结合自己所学的知识为国为民服务，才能不愧对国家对我们的培养，这是我人生最大的感悟！

　　2010～2012年的三年间，每到5月下旬小麦快成熟的季节，安徽省同丰种业有限公司负责人刘坤、安徽省种子公司农艺师方绩熙老人及李贵经理三人都会到黄淮麦区各地观摩小麦育种与生产，因为我写的《小麦遗传学》和《麦类远缘杂交》二书慕名而来石家庄，学习参观我们的小麦遗传育种基地，但不巧这三年的5月下旬我也都到外地看麦，没有与他们见面交流。课题组徐萍老师热情招待了他们，向他们赠送了几本我编著的新书及有关资料，让他们感到我们单位还是可以信赖的，值得进一步联系的。

　　2013年小麦快黄的时候，他们又电话联系，还要到我们石家庄栾城生态实验站小麦育种基地来学习，以便约定见面交流。我被他们"三顾茅庐"的真诚精神打动了，就决定一定要到安徽涡阳县去看一看他们同丰种业有限公司的小麦远缘杂交育种基地。

　　2013年5月15日，我如约去了安徽涡阳县，在沿途的火车上，我看到河北、山东、河南的大面积小麦长势很好，小麦种植规范，土地平整，许多地方都在用"小白龙"塑料管子或小畦灌溉小麦；但到安徽境内小麦生长明显受旱严重，土地不平整，也没有灌溉小畦，很少有人灌溉小麦，公路边的排水渠很大很深，但没有存水，田里也没有看到机井灌溉设施，还以为安徽亳州市这一带地下水缺乏。这是我在去安徽涡阳县路途上的大概印象。

　　到涡阳县后，我首先看了同丰种业在陈大镇和楚店镇的育种基地，当时同丰种业负责人刘坤和负责小麦远缘杂交的李贵还都是从安徽农业大学毕业没几年的年轻小伙子,方绩熙农艺师是安徽省种子公司退休的老人,当时已经快90岁了,是他带着同丰种业继续坚持小麦远缘杂交育种。看到这个规模不大的同丰种业公司,虽然没有几个知名的专家,也没有很大的品牌,但我被刘坤他们年轻人敢闯敢干的精神和方绩熙老人无私奉献的真情打动了。我看了他们的小麦大穗高产抗赤霉病育种,感到鼓舞,并和他们交流了小麦远缘杂交育种的未来发展方向。

考察完同丰种业的育种情况后,我们到涡阳县周边农田和楚店镇宋徐村及陈大镇孙老家村高产示范田进行了大田小麦生产调研。晚上正巧在住宿的宾馆遇到了在涡阳县推动示范小麦"千斤县"的安徽农业大学的胡承霖教授、涡阳县政府和农业委员会的有关领导同志,通过和大家的交流,才得知他们这里是淮北平原,地下水只有3~5m,而年降水量有800~900mm,并不缺水,是有水干旱,这个地区处于我国南北气候过渡带,是半湿润雨养旱地农业区,长期种植冬小麦-夏大豆,年均亩产1000~1300斤[①]粮食。与年降水量为550mm左右、地下水位为50~100m、靠节水灌溉种植冬小麦-夏玉米、年均亩产吨粮田、我工作的河北省石家庄地区相比,安徽淮北地区远远没有发挥这个地区的农业生产潜力。这是我直观的第一感觉。因此,我回来后就写了一篇《应加快淮北粮仓建设》的文章,2013年6月10日在《中国科学报》发表。此文已经收录于2014年由科学出版社出版的《应对气候变化与水资源高效利用以及粮食安全和绿色农业协同发展》一书中。

后来,我提议进一步和安徽省农业科研院所有关专家举行一次小规模的关于加快淮北粮仓建设的研讨会,希望形成一个报告,向安徽省政府部门和科技部、农业部、中国科学院等有关部门提出建议,以争取对这个项目的支持。

2013年8月26日,在同丰种业刘坤的努力下,联系了安徽农业大学副校长马传喜教授、胡承霖教授、农学系主任姚大年教授,中国科学院合肥分院的吴跃进研究员,安徽省农业科学院的杨剑波院长,安徽省种子公司方绩熙农艺师等,在安徽农业大学招待所召开了一次小范围的讨论会。胡承霖教授根据他多年推动淮北地区小麦生产的实践经验,提供了许多重要信息,包括他给安徽省政府领导写的相关建议报告资料,而后在集成大家建议的基础上,胡承霖教授牵头联名撰写了关于推进安徽淮河粮仓增百亿斤粮生产能力建设项目的报告,并通过有关部门把他的建议转交给了安徽省政府领导。我则根据自己对淮北粮仓建设的认识,通过信函给安徽省省长和主管农业的副省长寄去了我关于加快淮北粮仓建设的报

[①] 1斤=0.5kg

告,同时也上报到中国科学院科技促进发展局。但当时中国科学院有关领导同志认为安徽淮北粮仓项目区域太小,代表性不强,建议我们进一步扩大调研范围和深度,再给国家提出更好的建议。

在加大调研范围和深度后,我以黄泛区为主要区域,进一步扩大到包括皖北、苏北、鲁西南、豫东南这个4省交界,以5000万亩砂姜黑土中低产田为主,经济、科技、交通建设相对落后的黄淮南片地区。2013年9月24日我又向中国科学院、科技部、农业部、国家发展和改革委员会(以下简称国家发改委)等部门分别寄送了《建议加快黄淮南片粮仓建设》的报告,该建议于2014年3月4日被《人民日报》内参采用,发到省军级。2014年3月24日,我与安徽农业大学的胡承霖教授、马传喜教授三人又向科技部农村科技司农业处处长许增泰、农业部副部长余欣荣、办公厅主任毕家美总经济师、项目司司长张学义等领导当面汇报了项目的设想。正巧得知《改造中低产田加快黄淮南片粮仓建设》的内参被发到省军级。2014年4月11日,我在《中国科学报》发表了《应加快黄淮南片粮仓建设》一文。

经过对多方提出建议和进行宣传,"改造中低产田加快黄淮南片粮仓建设"的建议引起了中国科学院、科技部、国家发改委领导的重视。国家发改委农业经济司农业处2014年5月12日给我做出了回复:"您好!来信收悉,感谢您为我国三农事业献计献策!具体技术方案请您向当地农业技术部门推荐。黄淮地区是我国重要的粮食生产基地,我委与有关部门一直十分重视提高黄淮地区粮食综合生产能力,下一步将继续加大扶持力度。"

科技部副部长张来武2014年6月22日到安徽合肥调研依靠科技保障粮食安全工作。我应邀做了《加快黄淮南片粮仓建设》的主旨报告。张来武指出,在黄淮海等地区建设第二粮仓科技示范工程,充分发挥中低产田粮食增产潜力,是保障国家粮食安全的重要举措。要通过科技集成、示范和推广,加强项目、人才、基地、企业有机结合,集成一批土、肥、水、种技术成果,探索中低产田粮食增产技术模式和"一二三"产业融合技术体系,为解决粮食增产、农民增收、农业增效提供科技支撑。

合肥会议以后,科技部农村司来电,让我和中国农业科学院赵明研究员、曾希柏研究员联合起草,由我主笔完成10万字的《科技支撑打造中低产田第二粮仓保障中国粮食安全》,提交给科技部和中国科学院科技促进发展局,并上报了国家有关领导。

为争取国家尽早立项启动"第二粮仓"计划,中国科学院于2014年11月1日,率先计划拿出1000万元在安徽选择一到两个县做前期示范工作,至此"第二粮仓"计划前期工作正式启动。

2015年1月7日，中国科学院在合肥召开大会正式启动"淮北科技增粮县域技术集成与示范项目"，在龙亢农场和涡阳县部署工作。

2016年7月25日，由我和段子渊研究员提交的《中国科学院专家关于及早启动黄淮南片第二粮仓科技专项的建议》，被国务院办公厅刊物《专报信息》采用。该文2016年8月17日在《中国科学报》发表。

2016年8月25日，中国科学院与安徽省签署全面创新合作协议，其中合作成果就有"实施的淮北科技增粮县域技术集成与示范项目，使安徽省涡阳县2015年推广吨粮田60多万亩，提前一年成为吨粮县"。并促成了安徽省第一个吨粮市——亳州市的实现。目前该项目区正在深入进行绿色提质增产增效中低产田改造。

2016年8月31日，中国科学院发布"十三五"科技发展规划，提出了60项重大突破，其中在现代农业方向，就有"农业转型发展示范"一项，在"渤海粮仓"示范工程基础上，针对产能提升潜力巨大的60%中低产田（8亿亩）连片主要分布区域，从改土提质、耐逆适生、优化资源、精准管理、模式创新、产业化6个方向，进行基础研究、共性关键技术和技术集成示范三个层次全链条设计和创新，开展中低产田改造科技工程，实现增产增效可持续。

中国科学院已经确定给予第二轮的重点支持，科技部将要把中低产田改造纳入"十三五"国家重点研发计划——粮食丰产增效科技创新工程项目中。科技部农村科技司司长兰玉杰2017年2月22日表示，2017年，科技部将以科技创新支撑引领农业供给侧结构性改革为主线，实施四大工程——种业自主创新重大工程、第二粮仓科技创新工程、蓝色粮仓科技创新工程、科技扶贫"百千万"工程（建设100个星创天地等创新平台、建立1000个帮扶对子、实现10 000个贫困村科技特派员全覆盖）。

近年来，黄淮南片地区小麦生长期间经常遇到多雨天气，小麦赤霉病和倒伏严重发生，我们关于加强小麦生产管理的建议，被2015年国务院办公厅刊物《专报信息》及中央办公厅《每日汇报》采用。我们关于加强小麦中后期三大管理的建议，2016年被中央办公厅《每日汇报》采用。这对保障我国小麦安全生产发挥了一定的指导作用。

近年来，我国玉米等农产品生产过剩，但优质小麦等农产品还在持续加大进口量，农业供给侧改革成为2015年以后我国农业改革的重点。

我们在淮北地区紧密结合当地生产实际和现代农业发展趋势，以发展优质强筋小麦树立品牌粮食生产的典型，已经成为安徽省及亳州市现代农业转型的先进典型。同时结合涡阳县是安徽省畜牧十强县和全国生猪大县的良好基础，加快促进农牧结合，发展品牌畜牧业，实现资源循环高效利用和绿色提质增产增效可持续发展。

京津冀一体化是我国当前主抓的一个重要发展极,但严重缺水制约京津冀区域承载力,我们建议京津冀应发展适水型高效产业体系,被2014年《人民日报》内参采用,发到省部级,获中央政治局常委张高丽批示。国家发改委地区经济司区域规划处2014年8月20日对我们的建议的回复是:"尊敬的张正斌研究员:京津冀地区是我国东部地区三大经济增长极之一,在全国改革发展中具有重要作用,但也面临着资源环境承载超限,自然生态系统退化等问题。今年2月,习近平总书记在北京考察工作时发表的重要讲话,全面深刻阐述了京津冀协同发展的基本思路和工作重点,明确提出要着力扩大环境容量生态空间,加强生态环境和水资源保护合作。目前,按照党中央、国务院要求,我们正会同有关方面抓紧组织力量开展京津冀协同发展规划的编制工作,您提出的京津冀应发展适水型产业等建议非常重要,我们将在规划编制过程中认真研究,积极参考吸收。感谢您对我委工作的关心和支持。"

我国华北平原是优质小麦生产区,但也是地下水超采严重区,近三年国家投资167亿元在河北省压缩超采地下水,压缩灌溉小麦生产,华北优质小麦高产潜力未能发挥。但我国近年来年均还需要进口300万t优质小麦。与此同时,我国第一大小麦主产区黄淮南片,近年来小麦生长后期降水较多,高温高湿,导致小麦赤霉病大面积严重发生,倒伏部分发生,小麦品质下降严重,国家粮库不收,导致农民、农业合作社经济损失很大,许多农业合作社难以为继而解散,成为我国农业结构转型的一个新问题。因此,我们向国家建议将华北平原压采地下水的补贴用于南水北调,恢复扩大华北平原优质小麦种植,同时满足京津冀对农产品的需求,以实现粮食安全和经济生态及可持续发展共赢。

陕西省关中平原历史上就是个大粮仓,20世纪80年代,陕西省在渭北旱塬发展春玉米等,打造渭北旱塬第二粮仓。近年来,随着气候变暖,陕北榆林沙漠地区因为有来自黄河的水资源和丰富的地下水资源,通过发展春玉米、马铃薯等高产作物,成为陕西省第二粮仓。根据自己长期对老家陕西省渭南地区及其周边省市的现代农业发展,特别是经济生态果业快速发展的调研,认为黄土高原发展经济生态果业已经成为我国农业供给侧改革的一个典型,先后在求是网、中国网、《中国科学报》、China Today等进行了报道,希望国家将发展经济生态果业作为黄土高原区域主导产业,并列为"十三五"重大科技专项给予支持,以落实习近平总书记"一带一路"国际化战略发展,让我国半干旱水土流失严重地区发展经济生态果业的成功经验在世界类似地区示范推广。我们给陕西省省长写信建议发展黄土高原经济生态果业,得到了陕西省农业厅2016年10月19日的回信和肯定:"首先,感谢您对陕西农业和果业的关心和支持。您对果业发展经济稳定脱贫、改善生态环境、减少水土流失、适应气候变化、减少碳排放等方面观点新颖,果业经济理论研究才刚刚起步，您也愿意进一步研究总结，形成果业绿色高效发展理论和可操作的具体建议，为陕西果业产业发展提供决策参考。我省果业部门愿意配合您和有关专家开展这方面的调研、考察工作，期望能形成既有理论前瞻性，又有科学实践性的理论指导我们的工作。"

2016年年底，张正斌研究员给习近平总书记写信，建议国家重点发展黄土高原经济生态果业，国家信访局2017年2月7日回信已转到科技部、农业部参阅。该项目有望列到科技部第二粮仓科技创新工程项目之中。

西藏是我国战略高地，随着气候变化、社会经济等快速发展，西藏高产优质抗逆冬小麦发展潜力很大。从2012年我们到西藏考察调研开始，我们给西藏引种400多份彩色小麦材料，和西藏农牧科学院进行合作，期望能够促进西藏小麦品质遗传改良，减少从内地外调小麦面粉。2016年底，张正斌研究员给西藏自治区人民政府提交了《关于建议加强西藏高产优质抗逆冬小麦育种和示范推广的报告》，受到了西藏自治区领导高度重视。2017年3月7日回函，非常感谢贵中心对西藏自治区农业发展的关注与支持。自治区政府领导高度重视贵中心《关于建议加强西藏高产优质抗逆冬小麦育种和示范推广的报告》。自治区主席齐扎拉同志亲自作出批示，自治区分管领导组织相关单位进行了专题研究。

我们把最近几年关于改造中低产田建设中国第二粮仓、华北粮食安全和水资源安全发展战略、黄土高原发展经济生态果业加快农业供给侧改革、加强西藏高产优质抗逆冬小麦育种和生产等有关文章集结成册，以供大家参考。

在此非常感谢中国工程院山仑院士为本书作序，他的学术思想深刻地影响了我，注重于在农业科研中理论联系实际，为国民经济发展服务。同时一并向参与淮北第二粮仓建设的有关单位和同志致谢，包括科技部、中国科学院科技促进发展局、中国科学院遗传与发育生物学研究所农业资源研究中心、《中国科学报》、中国科学院合肥分院、安徽农业大学、安徽省农业科学院、亳州市、涡阳县、同丰种业、西藏农牧科学院的有关领导和农业科技人员，以及科学出版社的有关编辑同志等。

本书获得科技部粮食丰产增效科技创新工程重点专项（2016YFD0300105）和中国科学院科技服务网络计划（STS计划）（KFJ-EW-STS-083，KFJ-STS-ZDTP-002）的资助。

中国科学院遗传与发育生物学研究所
农业资源研究中心研究员
张正斌
2017年3月22日

目 录

第一部分　第二粮仓发展战略

1. 建议加快黄淮南片粮仓建设 ……………………………………… 3
2. 科技支撑打造中低产田第二粮仓，保障中国粮食安全 ………… 9
3. 改造中低产田　让饭碗更丰足 …………………………………… 16
4. 改造旱区中低产田　挖掘农业生产潜力 ………………………… 21
5. 粮食安全应成为中国农业现代化发展的终极目标 ……………… 23
6. 建议加强小麦生产管理 …………………………………………… 30
7. 加强对极端天气干预，保障夏粮安全 …………………………… 35
8. 保夏粮，加强小麦中后期三大管理 ……………………………… 37
9. 中低产田应加强进出口粮油饲料作物生产 ……………………… 39
10. 应重点发展产供销一条龙的农业经营部门 …………………… 43

第二部分　黄淮南片粮仓发展战略与实践

11. 安徽省粮食安全及现代农业发展战略 ………………………… 51
12. 淮北粮仓现代农业发展战略 …………………………………… 60
13. 应尽快启动黄淮南片第二粮仓重大科技专项 ………………… 70
14. 黄淮南片粮仓现代农业发展战略 ……………………………… 74
15. 推进涡阳县小麦-玉米吨粮田县建设 …………………………… 82
16. 加快玉米科学种植和吨粮县建设 ……………………………… 87
17. 淮北第二粮仓夏粮丰收在望 …………………………………… 90
18. 科技支撑玉米生产跨越发展，打造淮北粮仓 ………………… 92
19. 涡阳：科技打造淮北粮仓新样本 ……………………………… 96
20. 绿色科技支撑涡阳吨粮县建设，打造淮北粮仓 ……………… 99
21. 农机合作社从淮北粮仓走出去 ………………………………… 102
22. 第二粮仓加快绿色优质高效农业产业化 ……………………… 105

23 第二粮仓重视优质小麦品牌化和规模化发展 ················· 107
24 第二粮仓示范推广深旋耕技术促进玉米产量及效益提升 ········ 109
25 第二粮仓示范基地烘干设备助力品牌粮食生产 ················ 111

第三部分　华北节水高效生态建设

26 京津冀应发展适水型高效产业体系 ·························· 115
27 华北应将压采地下水补贴用于南水北调，实现粮食安全经济生态共赢 ····· 119
28 生态文明建设重点应转向农区和城镇 ························ 123

第四部分　农业供给侧改革

29 我国农业供给侧改革典型——陕西黄土高原发展经济生态果业 ······ 131
30 建议国家重点发展黄土高原经济生态果业 ···················· 136
31 加强生物育种技术协同发展 ································ 140
32 加强西藏高产优质抗逆冬小麦育种和生产 ···················· 147

第一部分　第二粮仓发展战略

1 建议加快黄淮南片粮仓建设

1.1 中国粮食安全任重道远

2014年我国粮食实现十一连增,粮食产量连续两年稳定在6亿t以上,但是稻谷、小麦和玉米三大主粮净进口量近6年持续增加。根据农业部资料,我国谷物进口量2010年为570.8万t,2011年为544.7万t,2012年为1398.3万t,2013年1～11月为1286.0万t。近两年粮食进口量是之前两年的两倍多。

2012年粮食供给超过6.7亿t,2013年粮食供给超过7.3亿t。到2015年我国粮食供给量可能达到8亿t,到2020年粮食供给量可能达到10亿t。未来5～10年我国粮食总产和粮食供给量有1亿～2亿t的缺口。

李克强总理2012年在出席省部级领导干部推进城镇化建设研讨班学员座谈会的重要讲话中提到:"推进城镇化,要始终绷紧粮食安全这根弦。我国作为一个人口大国,任何时候都要立足国内解决吃饭问题,这是治国安邦的头等大事,也是农业现代化的首要任务"。

习近平总书记2013年也进一步强调:"保障粮食安全对中国来说是永恒的课题"。

粮食安全已上升为国家战略。2014年中央一号文件第一大主题就是完善国家粮食安全保障体系,实施以我为主、立足国内、确保产能、适度进口、科技支撑的国家粮食安全战略。

1.2 中低产田改造是保障中国粮食安全的重要措施之一

如何挖掘我国粮食生产潜力?据农业部门测算,目前我国12亿亩粮田中,中低产田面积占2/3,中低产田改造后,亩产可以提高20%。科技部副部长张来武2014年2月13日表示:"中国仅仅走高产之路,带来不少的问题,也不能彻底解决粮食巨大的需求。中低产田怎么办?特别是盐碱地怎么办?旱地怎么办?科技部针对这些问题有两方面的措施,一方面是粮食丰产科技工程,另一方面则是实施渤海粮仓和旱作农业科技工程。我们对盐碱地进行科技改造,围绕环渤海区域近5000万亩盐碱地增产增效问题,以及对旱作农业、节水农业的突破,彻底解决中国的粮食安全问题。"

1.3 黄淮地区在我国粮食安全中占有第二大地位

我国商品粮基地主要集中在东北和黄淮海两大地区。黑龙江、吉林、内蒙古、河南、江西和安徽是 6 个粮食调出大省（区），其中黄淮地区就有河南和安徽。

我们通过在安徽淮北调研，2013 年 6 月 10 日在《中国科学报》发文《应加快淮北粮仓建设》，现进一步建议国家加快黄淮南片中低产田改造，建设黄淮南片新粮仓，以期为保障我国粮食安全做出更大的贡献。

1.4 黄淮地区粮食安全保障措施有待加强

河南省虽然是我国粮食生产大省，但该省中低产田有 6200 多万亩，有 1/3 集中在黄淮南片的黄泛区；面临农业基础比较薄弱，农业灾害类型多、频率高、范围广等困难。单靠面积增长潜力不大，要持续增产任务相当艰巨。河南粮食增产面临着几个关键问题：一是区域产量不平衡，中低产田广；二是年际产量不稳定，抗灾能力差；三是技术到位率低，经营规模小。

山东省黄淮南片主要包括菏泽市、济宁市、枣庄市和临沂市等，也是山东省中低产田主要分布区，干旱、风沙、盐碱化威胁大，农业结构单一，农业科技和经济发展落后。

据国家统计局公布的数据显示，2013 年安徽省粮食总产达 3279.6 万 t。夏粮增产；因遭遇干旱，秋粮和全年粮食总产略减产。说明安徽省在应对干旱等灾害方面的能力还有待进一步加强，安徽省的中低产田也主要分布在淮北平原地区。

江苏省的苏北地区主要是淮北地区，是江苏省中低产田主要分布地区，还有很大的潜力可挖掘。

1.5 黄淮南片中低产田改造是豫鲁皖苏 4 省共同关注的地区，但目前缺少国家联合攻关项目

黄淮南片，主要是指黄河以南、淮河以北的淮北平原地区，包括河南省的豫东南、山东省的鲁西南、安徽省的皖北和江苏省的苏北 4 个地域。该区是我国农业南北跨界地区，是一年两熟种植区，多数地区处于黄淮海平原南部地区，降水相对丰沛，热量条件较好，地下水资源丰富，农业气候生产条件明显好于黄淮海平原北部地区。有资料表明，江淮粮仓已经北移，淮北平

原年降水量近 10 年来有增加的趋势,是黄淮海农业生产潜力最大的地区。

但该区大部分地区曾经是黄泛区,风沙、干旱、洪涝和盐碱地是该地区中低产田形成的主要原因,以淮北平原为代表的许多地区农田水利系统不完善,砂姜黑土比例大,抗御旱涝灾害能力不足,是易旱易涝地区。农村经济落后,部分地区是黄淮海平原的最不发达地区。由于该地区长期怕涝不怕旱,重视排涝渠等建设,但对抗旱灌溉设施建设重视不够。而抗旱灌溉是保障该地区粮食稳产和高产的关键。该地区中低产田改造,在国家层面还没有进行联合攻关治理,还没有形成系统的粮食安全科技保障体系。

1.6 黄淮南片农业存在的问题

1.6.1 旱涝灾害频繁发生

黄淮南片地区平均年降水量在 850mm 以上,70%以上降水集中在夏季,多以暴雨形式出现,易形成局地内涝。该地区气温高,年降水变率亦大,平均 23%以上,丰雨年与枯水年降水差异可达 900mm 以上。淮北平原属易涝易旱地区,旱多于涝,涝重于旱。频发的秋冬干旱、夏秋高温和干旱经常造成粮食减产,是该地区粮食产量波动的一个主要原因。

1.6.2 水利灌溉设施不完善,基础薄弱,抗灾能力差

据我们在安徽亳州和涡阳等地调研,淮北地下水位很浅(5~10m),且盐碱地比例很小,本应该成为灌溉高产高效农业区,却以雨养旱地农业为主。许多地区农田不平整,机井灌溉设施建设和管理不善,有机井但没有电力、潜水泵等抽水配套设备,也没有农田管道输水及每户农田里的出水口安装,因此导致农民嫌灌溉投资高、麻烦、效益低等,许多灌溉设施被偷盗和损坏,造成了有水、有机井,但没有发挥抗旱灌溉高产作用。经常是等雨、被动抗旱,而不是主动发展灌溉农业、主动抗旱,靠天吃饭的局面还没有得到根本改变。

1.6.3 旱涝保收高产农田少

许多地方是大平小不平,农田生产力不均匀,跑水跑肥问题严重。阜阳市旱涝保收田比例低于安徽全省平均水平约 20 个百分点,亳州市旱涝保收面积只占总耕地面积的 35%左右。

1.6.4 淮北平原现代农业发展缓慢

农业机械化特别是玉米机械化收获和秸秆还田普及率不高，小麦-玉米高产高效种植体系占的比例较少。加上种粮效益不高，土地流转和种粮大户少，科学统一种植管理的现代农业模式少，因此，没有大面积吨粮田出现。部分小麦-水稻（玉米）两熟地区，秸秆还田机械普及不广泛，秸秆焚烧造成的环境污染是近年来黄淮南片的一个突出问题。

1.6.5 旱作农业种植体系高产潜力有限

淮北平原农业的最大特点是旱地小麦面积最大，小麦-大豆连作体系长期存在且占的比例很大，占淮北平原一年两熟制区面积的50%～70%。玉米易受到淮河水灾和湿润气候的影响，造成产量的下降，播种面积一直偏小。许多地区小麦-大豆亩产1000斤左右，和小麦-玉米亩产吨粮田的粮食产量相差1000斤左右。

1.6.6 吨粮县市少

山东省吨粮县市如桓台县等多在鲁北地区，河南的4个吨粮县市（焦作市、博爱县、温县、沁阳市）都在黄河以北。2013年江苏省农业委员会认定海安县、如东县、大丰市、宝应县、高邮市、兴化市、泰兴市、姜堰市等8个县（市）为第一批"亩产吨粮县"，都在淮南地区。安徽省淮北的蒙城市2013年成为安徽省的第一个吨粮县市。因此，处于南北交界的黄淮南片地区吨粮县市很少，其气候资源高产潜力还未发挥。

1.6.7 有效积温没有充分利用

近年来，随着气候变暖，黄淮南片地区大豆（玉米）比黄淮北片早熟5～10天，但小麦播种期又比黄淮北片晚播5～10天，即黄淮南片大豆（玉米）收割后和小麦播种前有7～15天空闲期的积温没有得到有效利用，如果种植生育期长的玉米品种，可以使玉米产量提高10%～15%。另外，小麦延迟播种还可以防止冬春旺长，减少冻害损失。

1.7 政策建议

1.7.1 加快黄淮南片粮仓建设

以安徽淮北平原为例，该区耕地面积3206.5万亩，占全省耕地面积的47.8%，人均占有耕地2.1亩，是安徽省面积最大、人口最多的一个农业区，但经济发展相对落后。安徽省常年有小麦面积3500万亩，主要分布在淮北地区。目前粮食产量在全省处于中下等水平，低产面积还很大，低产土壤约占耕地面积的60%。

黄淮南片地区，包括河南省的豫东南、山东省的鲁西南、安徽省的皖北和江苏省的苏北部分地区，中低产田面积有6000万亩以上，也是我国小麦和大豆（棉花）的主产区。随着在淮北地区进一步加强小麦-玉米（水稻）吨粮田建设，黄淮南片粮仓的作用日益突显。我们认为，本着从易到难、投资少、见效快、效益持久的战略发展思路，加快黄淮南片粮仓建设应该是豫、鲁、皖、苏4省的当务之急，是这4个省份现代农业发展和粮食安全建设的重中之重。

1.7.2 加快黄淮南片农田水利灌溉设施建设

为了高效利用自然降雨，应该在排水渠上多建一些闸门，用于补充地下水和旱季灌溉，而不应该一年四季排水。在地方财力有限的情况下，建议国家及河南省、山东省、安徽省和江苏省要加大对黄淮南片中低产田改造建设的投入，重点加大对平整土地、农田水利、农村道路、农业机械化建设的投入，改善农业生产条件，提高农业抗灾能力。建议黄淮南片地区的省份向节水农业和高产高效现代农业搞得好的河北省和山东省等学习，从多方面筹措资金，并健全农田节水灌溉管理，充分发挥节水灌溉农业高产高效的作用，扩大旱涝保收田的面积。大量的节水灌溉证明，加快农田深埋管道输水和喷（滴）灌等，不仅提高了水资源利用效率，同时也节省了人力和时间，还可以扩大灌溉面积，可以及时高效应对干旱，有效地减少干旱损失。

1.7.3 加快黄淮南片地下水资源高效利用，改旱作农业为节水灌溉高产高效农业

据安徽省的资料，淮北平原地区地下水资源丰富，多年平均地下水天然补给资源量71.0242亿 m^3/年，地下水可开采资源量57.8824亿 m^3/年。地表水资源量

73.9800 亿 m³/年，地表水可利用量 29.59 亿 m³/年。多年平均水资源总量 123.3465 亿 m³/年，平均水资源可利用总量 87.47 亿 m³/年。近十余年，淮北平原地下水年开采量为 20 亿 m³ 左右，占地下水资源量的比例不足 30%，尚有很大潜力。

1.7.4 加快黄淮南片吨粮县市建设

据我们长期的研究表明，在华北地区小麦-玉米吨粮田的耗水量为 800~900mm。因此，黄淮南片地区发展吨粮田有丰富的降水资源（800~900mm）和地下水资源保障。根据安徽省农业科技人员在淮北平原部分地区高产试验示范研究，小麦-玉米不但能够实现吨粮田，在好的年份和地方还可以实现吨半粮田。

1.7.5 加快早熟和脱水快玉米新品种培育和推广

要加快后期籽粒脱水快、成熟早的'先玉335'系列玉米品种的示范推广。同时黄淮南片的省份应该设立专项科研资金，鼓励当地农业科研人员加快选育出适应黄淮南片地区秋季高温高湿环境、耐涝、后期籽粒自动脱水快的高产稳产优质玉米品种。发展玉米大垄沟双行种植，减少涝渍的损失。加大适合黄淮南片地区农作制度的小麦、玉米（水稻）播种施肥一体化机械、联合收割和秸秆还田等配套机械研制投入和补贴，鼓励群众利用先进的小麦、玉米（水稻）播种、收割机进行耕作，提高生产效率。专门研制推广粮食烘干设备，保障秋熟粮食高效收获和安全储运。

1.7.6 加快土地流转

扩大种粮大户队伍，解决农村劳动力缺乏的问题，提高种粮大户经济效益，同时让更多的农民能够在工副业里获得更多的经济效益。

1.7.7 联合多单位开展协作攻关

中国科学院、中国农业科学院等单位曾经在黄淮海治理方面有成功经验，建议中国科学院牵头，联合中国农业科学院等国家单位及安徽省、河南省、山东省和江苏省等地的地方单位的农业科研力量开展协作攻关，建设开发黄淮南片粮仓。在黄淮南片 6000 多万亩的中低产田耕地上实现粮食新增 100 亿斤。

（部分内容见，张正斌，应加快黄淮南片粮仓建设，中国科学报，2014-04-11，第7版）

2 科技支撑打造中低产田第二粮仓，保障中国粮食安全

2.1 中低产田是中国的第二粮仓

从中国粮食生产的历史发展过程来看，历史上的东北平原、黄淮海平原、长江中下游平原三大粮食主产区（包括部分商品粮基地），以及新中国成立后新建的宁夏银川平原、甘肃河西走廊、内蒙古河套平原、新疆的伊犁河谷等商品粮生产基地，都归于国家级的商品粮生产基地，并称为中国的第一粮仓，这些地方的特点是水资源供给充足，光热资源良好，土地平整肥沃，粮食生产面积和规模大，是我国粮食生产的主体功能区。

能够大面积开发、改造、利用的中低产田地区，虽然一般是平原或者台塬地区，但干旱缺水，或盐碱地严重、低洼易涝等，土壤质量差，生产力低。如果通过水利、科技等高标准农田建设投入的增加，这些中低产田可能成为中国新增的粮食主产区，也就是中国的第二粮仓。

"第二粮仓"这个词可能最早来自于陕西省，关中平原是陕西省历史上的粮食主产区，即第一粮仓。20世纪80年代，随着气候变化及社会、经济、科技的快速发展，渭北旱塬从以生产冬小麦为主，变成了春玉米和夏玉米的主产区，陕西省就把渭北旱塬称为陕西省的第二粮仓，2011年又把陕北榆林称为陕西省的第二粮仓。

2014年，科技部副部长张来武提出了在黄淮海等地区建设第二粮仓科技示范工程。同年，四川把凉山州称为天府之国的第二粮仓。2014年，还有人把海洋称为人类的第二粮仓。

总之，"第二粮仓"概念是个相对概念，是针对当地以前的、第一个粮食主产区（包括商品粮基地），新开发出的第二粮食主产区（包括商品粮基地）。随着我国农业现代化发展，新的第二粮仓在许多地方可能会不断出现。

中国大规模地改造中低产田、建设第二粮仓的历史进程，是随着人口增加、社会经济发展需求的必然趋势，将在中国未来的粮食安全中发挥重要作用。

2.2 科技支撑国家粮食安全成为国家战略

习近平总书记 2013 年在山东考察农业时强调："保障粮食安全对中国来说是永恒的课题"。并强调："要给农业插上科技的翅膀，按照增产增效并重、良种良法配套、农机农艺结合、生产生态协调的原则，促进农业技术集成化、劳动过程机械化、生产经营信息化、安全环保法治化，加快构建适应高产、优质、高效、生态、安全农业发展要求的技术体系"。

2014 年中央一号文件第一大主题就是完善国家粮食安全保障体系，实施以我为主、立足国内、确保产能、适度进口、科技支撑的国家粮食安全战略。

习近平总书记 2014 年 5 月到河南考察农业时指出，粮食安全、"三农"工作是一切工作的重要之基，各级党委和政府一定要抓紧抓紧再抓紧。河南农业农村人口比重大，"三农"工作任务繁重，粮食生产这个优势、这张王牌任何时候都不能丢。要立足打造全国粮食生产核心区这一目标和任务，在提高粮食生产能力上开辟新途径、挖掘新空间、培育新优势。粮食生产根本在耕地，命脉在水利，出路在科技，动力在政策，这些关键点要一个一个抓落实、抓到位，努力在高基点上实现粮食生产新突破。家庭经营和规模经营要统一起来，积极稳妥推进土地流转，加快农业现代化进程。

习近平总书记 2014 年 11 月 2 日在福建考察时强调，全面建成小康社会，不能丢了农村这一头。要围绕建设特色现代农业，努力在提高粮食生产能力上挖掘新潜力，在优化农业结构上开辟新途径，在转变农业发展方式上寻求新突破，在促进农民增收上获得新成效，在建设新农村上迈出新步伐。

2.3 彻底解决中国的粮食安全问题要靠中低产田改造

2014 年 2 月 13 日，在国务院新闻发布会上，科技部副部长张来武提出科技部从五大方面推进农业科技进步。其中，第一是保障粮食安全。目前正在实施两大农业科技工程，一个是粮食丰产科技工程，另一个是渤海粮仓和旱作农业科技工程。中国仅仅走高产之路，带来不少的问题，也不能彻底解决粮食巨大的需求。中低产田怎么办？特别是盐碱地怎么办？中国的旱地怎么办？因此，我们对盐碱地，叫渤海粮仓进行科技改造，以及对旱作农业、节水农业的突破，彻底解决中国的粮食安全问题。

2.4 建设第二粮仓科技示范工程

科技部副部长张来武，根据由中国科学院张正斌研究员向国家提出的《加快中低产田改造建设黄淮南片粮仓》建议，2014年6月20~22日，到安徽省举行科技支撑粮食安全的调研会议。他提出，在黄淮海等地区建设第二粮仓科技示范工程，充分发挥中低产田粮食增产潜力，是保障国家粮食安全的重要举措。要通过科技集成、示范和推广，加强项目、人才、基地、企业有机结合，集成一批土、肥、水、种技术成果，探索中低产田粮食增产技术模式和"一二三"产业融合技术体系，为解决粮食增产、农民增收、农业增效提供科技支撑。

2.5　中国粮食安全保障的潜力在中低产田第二粮仓

我国实施了保障18亿亩耕地红线的政策。18亿亩耕地中有9亿亩是灌溉耕地。50%的灌溉耕地却提供了60%~80%的食品（包括粮食、蔬菜、畜禽产品）。确保了中国用世界耕地的9%、世界淡水资源的6%，成功解决占世界22%左右人口吃饭和其他农产品供给的问题。

但还有9亿亩是旱地，如何通过科技支撑、南水北调等跨流域调水工程，利用水资源高效利用和节水农业新技术，进一步挖掘中国的农业生产潜力，是中国当前和未来的重要任务。

据农业部门测算，目前我国12亿亩粮田中，中低产田面积占2/3，中低产田改造后，亩产可以提高20%。

2.6　改造中低产田建设第二粮仓是中国农业生产潜力提高的必由之路

继"十一五"粮食丰产科技工程以后，科技部2014年出台的《国家粮食安全科技支撑专项行动方案》重点立足黄淮海平原、东北平原、长江中下游平原等粮食主产区，突出小麦、水稻、玉米三大粮食作物，通过狠抓良种、良田、良法、良机、良储五大环节，系统部署种业、地力提升、丰产栽培、粮机装备、减损增效及境外粮食拓展六大科技支撑专项行动，大幅度提高粮食综合生产能力。建立经营规模适度、企业与新型农业合作组织参与的粮食科技服务体系，促进科技与金融的结合，为推进区域"一二三产融合"和"四化同步"，实现增产增效同步并带动农民增收提供有效技术模式。

从"十一五"和"十二五"粮食丰产科技工程来看，主要是在我国东北平原、黄淮海平原和长江中下游平原三大粮食主产区，开展高产到超高产的创建活动，通过农业机械、节水农业、配方施肥、一喷三防等现代农业技术示范推广，加快辐射区粮食整体产量的提高。对实现粮食总产十连增和保障我国粮食安全发挥了重要作用。

但造成的问题是地下水超采，化肥、农药用量大，生态环境污染严重，食品安全问题日益严峻，生产效益下滑，许多农业高产区难以持续发展。靠高投入、高产出的路径在世界和中国农业可持续发展中是难以走通的。

据央视网 2014 年 1 月 23 日的报道，我国耕地面积不足全世界一成，却使用了全世界近四成的化肥；我国单位面积农药使用量是世界平均水平的 2.5 倍。这是我国农业面源污染的主要根源。

2014 年环境保护部和国土资源部联合发布的《全国土壤污染状况调查公报》显示，全国土壤总的点位超标率为 16.1%。耕地土壤的点位超标率为 19.4%。以 18 亿亩耕地面积计算，中国约 3.49 亿亩耕地被污染。南方土壤污染重于北方；长江三角洲、珠江三角洲、东北老工业基地等部分区域土壤污染问题较为突出，而这些地区正是我国主要的粮食产区。

《2013 中国国土资源公报》显示，2011 年、2012 年和 2013 年，我国地下水水质较差和极差级水占比分别为 55%、57.4%和 59.6%，逐步上升，说明我国地下水水质仍在逐步变差。

中国 9 亿亩灌溉高产稳产区多在平原地区，应该是中国的第一粮仓，是粮食生产核心区，是中国粮食安全的稳压器，保障了中国粮食生产约 70%的生产能力。而 9 亿亩旱地多在干旱半干旱地区、丘陵地区，是中国粮食安全的波动区，灾年是受灾减产严重地区，丰年是粮食总产增量的主要来源，应该是中国的第二粮仓，是中国农业发展的潜力区。

中低产田有 4 个主要问题：一是缺水，我国有 9 亿亩旱地；二是土地质量（盐碱、沙地），盐碱荒地和盐碱障碍耕地总面积超过 5 亿亩，其中具有农业利用潜力的达 2 亿亩，占中国耕地总面积的 10%以上；三是农业科技投入不高，由于中低产田一般位于边远地区，基本农田改造、农业机械、灌溉、肥料等投入较少，形成了长期的广种薄收的种植习惯；四是缺乏抗旱、抗盐、抗逆生物品种，产量低而不稳。

中国要可持续发展，要东西平衡、南北共同繁荣发展，必须在抓好高产农田区第一粮仓的同时，加快中低产田第二粮仓的改造，才能挖掘中国农业的生产潜力，保障中国粮食安全。

2.7　中低产田改造促进了中国粮食安全的飞跃发展

早在 20 世纪 30 年代，毛泽东就认识到水对农业的重要性，提出了水利是农业的命脉这句名言。在新中国成立初期，20 世纪 50～70 年代加快了农田水利建设和基本农田建设，治理黄河和海河。全国粮食总产从新中国成立初期的 1 亿 t 增加到 1970 年的 3 亿 t。中国灌溉农田面积由新中国成立初期的 2.4 亿亩，增加到现在的 9 亿亩，无疑是保障中国粮食生产稳定增长的首要科技支撑力量。

20 世纪 80 年代，中共中央在 1982~1986 年连续 5 年发布以农业、农村和农民为主题的中央一号文件。在中国科学院、中国农业大学等单位的共同努力下，开展了我国黄淮海盐碱地治理的科技攻关，极大地促进了我国粮食生产，1984 年中国粮食突破了 4 亿 t，第一次出现了卖粮难的问题。

1996 年我国粮食总产达到 5 亿 t，直到 2008 年仍然徘徊在 5 亿 t 左右。2014 年达到 6 亿 t。这与 2004~2014 年又连续 11 年发布以"三农"为主题的中央一号文件有关。

目前我国粮食总产提高已经从靠增加面积向提高单位面积产量方向发展，需要更加强大的科技支撑。粮食安全问题是一个复杂问题，而不单是靠粮食主产区或灌溉高产农业区增产的问题，要靠全国的中低产田改造共同提高才能保障中国粮食总产持续增加。

中央 11 个"一号文件"关注"三农"问题，取消农业费，补贴农业，农业投入相对较大，特别是农机、肥料和灌溉方面投资增加明显，使我国许多中产区成为高产区，只有少部分是超高产区。所以中国粮食安全保障的步骤，首先是促进更多的中产区成为高产区，其次是将低产区改造为中产区。不断扩大的粮食主产区即第一粮仓面积，是由国家农业科技、经济投入从大面积的中低产田即第二粮仓中开发出来的。中国还有 9 亿亩旱地，中低产田改造还需要长久持续的科技支撑投入，才能满足不断增长的粮食需求。

2.8 关于加快中低产田第二粮仓建设的政策建议

中低产田主要障碍因素是干旱缺水（4242 万 hm^2）、耕层浅薄（2603 万 hm^2）、土壤黏重（1938 万 hm^2）、土壤酸性太强（899 万 hm^2）、土层含水量和含砂量太高（764hm^2）、土体下部含砂太高而漏水（739hm^2）、涝渍（681hm^2）、盐碱（624hm^2）、黏盘（467hm^2）、砾石含量太大（359hm^2）、潜育化（296hm^2），以及风沙、白浆、砂姜、碱化、石灰板结和矿毒、污染等。从中低产田类型来看，旱薄地占的比例最大，其次是南方酸性土和涝渍土，再是盐碱地，后两者可用于水稻等栽培。本着从易到难、投资少、见效快、效益持久的原则，我们有以下建议。

2.8.1 加快中低产田区水利建设

常言道，有收无收在于水，收多收少在于肥。水是决定作物高产的第一大限制因子。况且我国 18 亿亩耕地里有 9 亿亩是旱地，因此，加快中低产田区水利建设,是挖掘第二粮仓生产潜力的关键。其重点治理区域一是气候温暖湿润,但以旱作农业为主的一年两熟、以淮北平原为代表的黄淮南片地区;二是气候半干旱,但随着气候变暖,由一年一熟变为一年两熟的黄土高原地区;三是随着气候变暖生产潜力明显提高,种植面积明显扩大、一年一熟的东北地区。

2.8.2 加快中低产田区盐碱(沙)地治理

我国有盐碱地 5 亿亩,在我国中低产田面积中排名第二。与旱地相比,盐碱地治理难度很大。许多盐碱地中,水不是问题,但是缺少耐盐生物品种是最大的问题。通常的做法是将(微)咸水排走,地下水位降低到 3m 以下,就可以减轻盐碱危害。新疆等地根据干旱地区盐碱地的特点,推广了膜下滴灌种植抗盐棉花品种,取得成效。环渤海地区,采用结冰灌溉等技术,降低土壤春季含盐量。通过秸秆还田等技术改造盐碱地土壤结构,减少盐碱向上运移,取得一定效果。但低洼易涝区的盐碱地更多的是要进行咸水养殖,才能实现使群众增产增收。根据治理难度和增产潜力,就农业种植而言,黄淮海地区盐碱地治理排第一位,其次是东北地区的盐碱地,再次是西北干旱地区的盐碱地。

2.8.3 增加中低产田区农业科技投入强度

目前大部分农业科技投入主要在粮食主产区,即高产区,对中低产田投入相对较少。结果形成了中低产田区靠天吃饭、广种薄收的局面,其生产潜力没有发挥。建议加强对中低产田区的水利、高标准农田建设、农业机械等的投入,可快速开发中低产田的生产潜力。

2.8.4 科学分类研发指导中低产田科技支撑投入

由于中低产田类型不同,治理的难点也不相同,要分类研发相关科学技术,分类指导不同区域中低产田改造方法。在中产区向高产区的改造中,可以集成应用科技部组织的粮食丰产科技工程的成功经验。在低产区向中产区提升改造的过程中,还需要新的技术创新研发,克服不同类型的低产障碍因子。

2.8.5 建议设立科技支撑第二粮仓专项

我国 9 亿亩灌溉高产区即第一粮仓,需要保持高产稳产,但需要更多的科技、经济投入，高产潜力有限。而中低产田第二粮仓投入少，见效快，潜力大，是扩大我国高产第一粮仓的基础。因此，建议国家在支持粮食丰产科技工程的同时，单独立项科技支撑开发中低产田第二粮仓建设专项，以保障我国粮食安全，实现可持续发展。

3 改造中低产田 让饭碗更丰足

2014年,我国粮食生产实现创纪录的"十一连增",总产达到 12 142 亿斤,比上年增加 103.2 亿斤。粮食连续 11 年增长,是令人欣慰的,但今后的粮食生产如何保持增长势头?在经济发展新常态下,如何依靠科技力量改造中低产田?在确保第一粮仓三大平原区粮食生产稳步增长的前提下,如何全面规划,保障国家粮食安全?

3.1 粮食总产"十一连增"下的高起点连增困难

我国粮食总产连续取得了"十一连增",这是来之不易的成就。但中国粮食安全也遇到高起点的连增困难。

中央农村工作领导小组副组长陈锡文在一次经济安全论坛上表示,中国目前六大农产品都需要进口,粮食安全不容忽视。前不久召开的中央经济工作会议确定转变农业发展方式是 2015 年经济工作的五大任务之一,中央农村工作会议强调,推进农业现代化的首要任务是保障国家粮食安全,说明我国政府对粮食安全的高度重视。

我国目前每年进口 8400 多万 t 粮食,除大豆 6000 多万 t 外,谷物进口也达到近 1500 万 t。此外,每年还要进口 450 万 t 棉花、454 万 t 食糖、809 万 t 植物油。中国已成小麦、水稻和玉米三大主粮净进口国,世界第一大粮食进口国。

但国际市场的粮食出口价格低于国内市场,中国农产品的价格接近"天花板",而生产成本的"地板"不断攀升;过度使用化肥、农药造成的环境污染不断加重;国家支农补贴负担沉重;粮食生产效益不断下滑;南方雨热丰沛区粮食生产能力下降;北方缺水区粮食生产代价不断提高。这"六重挤压"持续凸显,保障国家粮食安全面临的挑战巨大。

要保持粮食总产连增,必须实现中低产田的改造。但中低产田改造面临着 4 个方面的问题:一是缺水,我国有 9 亿亩旱地,占中国耕地面积的 50%;二是土地质量(盐碱、沙地),盐碱荒地和盐碱障碍耕地总面积超过 5 亿亩,其中具有农业利用潜力的达 2 亿亩,占中国耕地总面积的 10%以上;三是农业科技投入不高,由于中低产田一般位于边远地区,基本农田改造、农业机械、灌溉、肥料等投入较少，形成了长期的广种薄收的种植习惯；四是缺乏抗旱抗盐抗逆生物品种，产量低而不稳。

3.2 科技支撑国家粮食安全需要转型和拓展新空间

在2014年中央经济工作会议上，习近平总书记进一步指出，要坚定不移加快转变农业发展方式，尽快转到数量质量效益并重、注重提高竞争力、注重农业技术创新、注重可持续的集约发展上来，走产出高效、产品安全、资源节约、环境友好的现代农业发展道路。

刚刚闭幕的中央农村工作会议指出，要善于在变化中捕捉机遇、在逆境中创造条件，不断挖掘新潜力、培育新优势、拓展新空间。

3.3 加快中低产田改造，建设第二粮仓

我国耕地中，水地、旱地面积各占一半。9亿亩灌溉中高产稳产区，主要分布在胡焕庸线（黑河—腾冲）以东，半湿润的东北平原、华北平原和湿润的长江中下游平原三大平原地区，是中国的第一粮仓，是中国粮食安全的稳压器，保障了中国粮食生产60%~80%的生产能力。

而9亿亩旱地占全国中低产田（约14亿亩）的64%，多分布在胡焕庸线以西的干旱半干旱区，是中国粮食安全的波动区，灾年是受灾减产严重地区，丰年是粮食总产增量的主要来源，应该是中国的第二粮仓，是中国农业发展的最大潜力区。

我国18亿亩耕地，其中高产田仅占21.5%（4亿亩），有78.5%的中低产田（约14亿亩），中产田面积占37.3%（6.7亿亩），低产田面积占41.2%（7.3亿亩）。中低产粮田改造后，亩产可以提高20%。按照2013年全国平均粮食单位面积产量358.5kg/亩计算，即亩产可以新增71.7kg。据农业部门测算，目前我国12亿亩粮田中，中低产粮田面积占2/3（8亿亩）。以此推算，如果8亿亩中低产粮田改造成功，将累计新增粮食573.6亿kg，即在我国当前有6亿t粮食生产能力的基础上，大约还有0.6亿t的粮食新增潜力。

3.4 科技助推中低产田改造

应用新的农业技术将帮助中低产田地区粮食产量趋于稳定，从而保障国家粮食总产量的稳定增长。例如，年降水量380mm左右的甘肃省定西市通渭县，5年

来，该县全膜玉米种植面积由 1.73 万亩增至 2013 年的 111.37 万亩，粮食产量年均增长 24.5%。通渭由历史上的"缺粮大县"跃升为"全国粮食生产先进县"，受到国务院的表彰奖励。

再如，先进的水利设施建设对旱地改良也很重要。据《人民日报》2014 年 12 月 23 日报道，目前，我国水利对粮食生产贡献率达到 40% 以上。从 2011 年到 2014 年，全国新增和恢复灌溉面积近 6000 万亩，发展高效节水灌溉面积超过 9000 万亩，新增粮食产能 300 多亿 kg。足以见发展水利改良旱地的无比重要性。

3.5 中国科学院长期重视中低产田改造

改造中低产田，建设"渤海粮仓"和黄淮南片的"淮北粮仓"是新的突破口。2014 年 2 月，在国务院新闻发布会上，科技部副部长张来武提出了科技部从五大方面推进农业科技进步。其重点就在渤海粮仓和旱作农业科技工程。他表示对盐碱地、旱作农业、节水农业的突破，才能彻底解决中国的粮食安全问题。

中国科学院基于近 10 年的研究，院党组先期部署，取得一定面积的示范成功后，与科技部共同联合河北、山东、辽宁、天津"三省一市"启动了"渤海粮仓科技示范工程"，已获得了重要进展和预期成果，去年汪洋副总理专程到项目区的山东无棣县调研视察，给予了充分肯定和高度评价。2014 年，张正斌研究员牵头撰写的《加快中低产田改造建设黄淮南片粮仓》建议受到国家有关部门的重视。张来武副部长 2014 年 6 月专程到安徽省进行科技支撑粮食安全的调研，他建议在黄淮海等地区建设第二粮仓科技示范工程，充分发挥中低产田粮食增产潜力，探索中低产田粮食增产技术模式和"一二三"产业融合技术体系，为解决粮食增产、农民增收、农业增效提供科技支撑。

2014 年 11 月，中国科学院科技促进发展局按照白春礼院长对建设淮北粮仓的批示精神，已安排 1000 万资金联合安徽省农业委员会、科技厅等多个省直部门、亳州市涡阳县和龙亢农场，选择具有典型意义的淮北区涡阳县和龙亢农场开展砂姜黑土治理、抗赤霉病小麦品种筛选与培育、机收高产玉米品种培育、水利设施完善和智能化机械作业及农业物联网建设示范等促进农业转型发展的联合攻关，为国家任务的部署进行前期探索。

中国科学院在《率先行动计划》中，积极部署中低产田改造、农业转型发展和提高整体效率的问题。包括注重现代农业的科技创新，加强新型生物技术研发与推广应用，研发适宜的主要农作物新品种和突破性技术。

中国科学院正在环渤海湾的河北、山东、天津等地，牵头实施旨在改造盐碱地和中低产田的"渤海粮仓科技示范工程"，河北省今年计划在 43 个县全面启动这一示范工程。为保证技术体系可复制、可传递的示范推广，前不久，中国科学院党组决定在原来研发共性技术和万亩规模示范的基础上,组织开展河北南皮县整县域 70 万亩耕地的科技增粮示范,由项目组自己率先完成南皮县科技增粮 1.5 亿斤和节水 2500 万 t 的目标,以此带动全省科技目标的实现。目前,李振声院士带领的团队选育的抗盐小麦新品种已经审定和大面积推广,微咸水结冰灌溉等技术能降低土壤春季含盐量;通过微生物菌肥和秸秆还田技术可改造盐碱地土壤结构,减少盐碱向上运移;通过多水源咸淡水混灌技术使用微咸水、节约地下水等技术已取得一定效果,有望在 1000 万亩盐碱地和 4000 万亩中低产田中新增粮食 100 亿斤。

同时,中国科学院在黑龙江、内蒙古实施面向农业转型发展的东北现代农业示范;在河南实施以土壤改良为主的大面积均衡增粮科技示范和推广工程;1 月 7 日已正式启动"淮北粮仓"县域示范科技增粮项目;策划启动全国盐碱地改造计划——科技增地 1 亿亩。这一系列的计划在于面向国民经济主战场,通过技术引领和大面积示范促进我国农业产业的转型升级,助力农业的现代化发展,保障国家粮食安全。

3.6 加快南水北调西线建设改造中低产田是百年大计

胡焕庸线,基本是由我国南北走向的主要山脉分布线来决定:大兴安岭→太行山→秦巴山脉→青藏高原东沿→邛山→横断山脉。这些山脉一方面阻挡了东部的太平洋湿润气候传输到西部内陆干旱半干旱地区,另一方面利用高山在东部地区形成了更多的地形雨和河流。胡焕庸线是我国半干旱(400mm 降雨)和半湿润地区的分界线。该线以东地区以 43.71%的国土面积养育了 94.39%的人口;以西地区占国土面积 56.29%,而人口仅占 5.61%。

李克强总理最近提出,要研究如何打破胡焕庸线这个规律,统筹规划、协调发展,让中西部老百姓在家门口也能分享现代化。

在条件可行时加快南水北调西线工程的实施,是中低产田改造的根本,并且可以有望打破胡焕庸线这个规律。

人随水走,粮随水来,城靠水建,国靠水兴。要改变我国这种东部繁荣、西部落后的差异巨大的经济发展格局,在我国完成南水北调东线和中线通水之后,唯有加快南水北调西线(从长江上游的通天河、雅砻江和大渡河给黄河调水)工程实施,未来再通过从西南五江一河(雅鲁藏布江、怒江、澜沧江、金沙江、雅砻江、大渡河)的大西线调水到干旱半干旱的西北地区,这样才能打破胡焕庸线的规律,改中低产田旱地为节水灌溉中高产地,同时可以建成在东北、华北和长江中下游平原三大粮仓之后的西部平原第四大粮仓,建设西部适宜人居环境,加快四化同步(工业化、信息化、城镇化、农业现代化)和东西部平衡发展,整体提升国力。

通过科技支撑、南水北调等跨流域调水工程,加上水资源高效利用和旱地节水农业新技术,进一步改造旱区中低产田,挖掘农业生产潜力,是中国现代农业未来的百年大计和重要任务。

(部分内容见,张正斌,段子渊,李晨,改造中低产田 让"饭碗"更丰足,中国科学报,2015-01-14,第5版 农业周刊)

4 改造旱区中低产田 挖掘农业生产潜力

近年来国外粮食出口价格偏低，中国农产品价格接近"天花板"，而生产成本"地板"不断攀升；国家支农补贴不堪重负，粮食生产效益不断下滑；南方雨热丰沛区粮食生产能力下降，北方缺水区粮食生产代价不断提高；东部三大平原粮食主产区环境污染不断加重，西部旱地农业未发挥潜力。这"八重挤压"持续凸显，中国粮食安全形势严峻，加快转变农业发展方式势在必行。

在中国耕地中，水地、旱地面积各占一半，有9亿亩灌溉中高产稳产区，主要分布在胡焕庸人口线（黑河—腾冲）以东，半湿润的东北、华北和湿润的长江中下游三大平原地区，是中国的第一粮仓，是中国粮食安全的稳压器，保障了中国粮食生产60%~80%的生产能力。而9亿亩旱地占全国中低产田（约14亿亩）的64%，多分布在胡焕庸线以西的干旱半干旱区，是中国粮食安全的波动区，灾年是受灾减产严重地区，丰年是粮食总产增量的主要来源，应该是中国的第二粮仓，是中国农业发展的最大潜力区。

通过科技支撑、南水北调等跨流域调水工程，加上水资源高效利用和旱地节水农业新技术，进一步改造旱区中低产田，挖掘农业生产潜力，是中国当前和未来的重要任务。对此，笔者提出以下5个建议。

第一，建议"十三五"立项国家科技重大专项"中低产田第二粮仓科技工程"。我国4亿亩高产区第一粮仓需要科技、经济持续投入才能保持高产稳产，但高产潜力有限，环境污染压力大。然而，8亿亩中低产粮田第二粮仓投入少、见效快、潜力大。因此，建议国家"十三五"期间，借鉴"十二五"期间投资380亿元启动的东北4省区节水增粮行动的模式，由国务院牵头联合国家发展和改革委员会（项目总体部署）、国家开发银行（项目贷款）、财政部（资金配套）、中国科学院（水资源和农业宏观战略）、水利部（调水工程设计）、科技部（科技增粮增效）、农业部（后备耕地开发）、西部各省等部门，在支持粮食丰产科技工程（第一粮仓）的同时，另外设立国家科技重大专项"中低产田第二粮仓科技工程"，以保障我国粮食安全，实现可持续发展。

第二，加快中低产田区水利建设。常言道，有收无收在于水，收多收少在于肥。水是决定作物高产和粮食安全的第一大限制因子。加快9亿亩旱地中低产田区水利建设，是挖掘第二粮仓生产潜力的关键。按照从易到难的次序，其治理重点区域首先是气候温暖半湿润，一年两熟，但以旱作农业为主，以淮北平原为代表的黄淮南片地区。其次是气候半干旱，但随着气候变暖，由一年一熟变为一年两熟的黄土高原地区。再次是随着气候变暖生产潜力明显提高，种植面积明显扩大、一年一熟的东北地区。最后是靠大西线调水解决新疆、甘肃、宁夏等干旱地区缺水和农业增产的问题。

第三，建议在落实习近平总书记提出的丝绸之路经济带战略的同时，能够把西部干旱半干旱地区的调水工程建设和中低产田改造及现代农业发展作为一项科技发展战略进行落实，为"一带一路"发展保障粮食安全，扩大农产品国内外贸易，提高经济效益，带动西部贫困地区奔向小康。

第四，增加中低产田区农业科技投入强度。目前大部分农业科技投入主要在粮食主产区，即高产区，对中低产田投入相对较少。结果形成了中低产田区靠天吃饭，广种薄收的局面，其生产潜力没有发挥。建议加强中低产田区的水利、科技、高标准农田建设、农业机械等投入，可快速开发中低产田的生产潜力。

第五，科学分类研发指导中低产田科技支撑投入。可以在中产区向高产区的改造中，集成应用科技部组织的粮食丰产科技工程的成功经验。在低产区向中产区提升改造的过程中，还需要新的技术创新研发，克服不同类型的低产障碍因子。由于中低产田类型不同，治理的难点也不相同，要分类研发相关科学技术，分类指导不同区域中低产田改造方法。西部地区应因地制宜，在稳定粮食发展的同时，要发展经济林果、蔬菜、中草药、花卉、草地畜牧业、养殖业等特色农业，带动群众增产增收。

总之，目前我国粮食总产提高已经从靠增加面积向提高单位面积产量和绿色提质增效方向发展，需要更加强大的科技支撑。同时，中国要东西平衡、南北共同繁荣发展，要发展"一带一路"，要突破胡焕庸线，就必须在抓好高产农田区第一粮仓的同时，加快西部调水工程建设，促进中低产田第二粮仓改造，才能挖掘中国农业的生产潜力，保障中国粮食安全，带动中国经济的持续发展和绿色发展及生态文明建设。

（张正斌，改造旱区中低产田挖掘农业生产潜力，中国水利报·现代水利周刊，2015-09-10）

5 粮食安全应成为中国农业现代化发展的终极目标

中国是人口大国和农业大国，农业现代化是国家现代化目标之一，粮食安全应成为中国农业现代化发展的终极目标。从我国现代化发展过程来看，不同历史阶段的粮食安全问题决定了农业现代化在国家发展战略中的重要性排序。20 世纪 50 年代，人口较少，粮食保障不是很大的问题，农业现代化在四个现代化中排第二位；到了 60 年代，随着三年自然灾害对粮食安全的严重影响，农业现代化被置于四个现代化的首位。21 世纪初期，粮食完全自给还略有盈余，农业现代化在党的十七大报告提出的五化目标中没有得到体现；但到 2012 年，随着人口快速增加，我国粮食进口量明显增加，党的十八大报告又把农业现代化放到了四个现代化中的第四位；随着我国粮食进口的持续增加，2014 年粮食安全被提升至国家一号战略。我国人口基数大，农业现代化基础薄弱，随着中国人口、资源环境和粮食安全矛盾的日益突出，保障中国粮食安全是一个永恒的课题。因此，中国农业现代化是一个长期的任务，当前和未来中国农业现代化的重要任务应该是继续加快农业机械化、高水效农业现代化和生物技术型农业现代化的发展，以保障中国现代农业的可持续发展，实现中国粮食安全的终极目标。

现代化是中国乃至世界各国发展的必由之路，中国社会发展的历史就是现代化不断提升的历史。中国是一个人口大国和农业大国，在发展农业现代化的基础上，实现中国粮食安全应该是国家现代化的核心目标之一。随着中国社会经济的快速发展，中国农业现代化和粮食安全协同发展的关系，是个值得深入思考的问题。

5.1 中国现代化发展历程与农业现代化的地位变化和粮食安全的关系

1954 年召开的第一届全国人民代表大会，第一次明确地提出要实现工业、农业、交通运输业和国防的四个现代化的任务[1]。从新中国成立初期提出的四个现代化来看，由于我国人口相对较少，1954年全国第一次人口普查时人口是6亿，粮食安全不是太大问题，但中国社会经济发展落后，代表先进科技发展的工业基础薄弱，发展工业现代化成为首要任务，农业现代化排第二。

1964年12月第三届全国人民代表大会第一次会议上，周恩来根据毛泽东建议，在政府工作报告中首次提出，在20世纪内，把中国建设成为一个具有现代农业、现代工业、现代国防和现代科学技术的社会主义强国，实现四个现代化目标的"两步走"设想：第一步，用15年时间，建立一个独立的、比较完整的工业体系和国民经济体系，使中国工业大体接近世界先进水平；第二步，力争在20世纪末，使中国工业走在世界前列，全面实现农业、工业、国防和科学技术的现代化[2]。这可能是由于20世纪60年代初期发生了三年自然灾害，粮食安全问题非常严重，中央政府1964年将农业现代化放在四个现代化的首位。

2007年党的十七大提出确定我国工业化、城镇化、产业化、信息化、国际化的"五化"目标为国家战略[3]。2007年党的十七大报告中没有提到农业现代化。这可能是由于1978年改革开放、实行家庭联产承包责任制以来，我国农业生产发展突飞猛进，1984年全国取得了粮食大丰收，粮食总产超过了4亿t，首次出现卖粮难的新问题，彻底改变了中国人缺吃少穿的贫困面貌，带来了吃饱穿好的新局面。虽然中国1982年人口普查超10亿人，1990年人口普查超过11亿人，但中国粮食安全还不是很大的问题。1996年达到了全国粮食总产5亿t，1996年国务院发布《中国的粮食安全问题》白皮书，明确表示中国能够依靠自己的力量实现粮食基本自给。白皮书提出的立足国内资源、实现粮食基本自给的方针，成为中国至今未变的粮食战略总纲[4]。到2000年人口普查达13亿人，2007年全国粮食总产基本保持在5亿t的生产水平，基本实现了粮食自给还略有盈余和出口外援。

2012年党的十八大报告中提出：坚持走中国特色新型工业化、信息化、城镇化、农业现代化（即新四化）道路，推动信息化和工业化深度融合、工业化和城镇化良性互动、城镇化和农业现代化相互协调，促进工业化、信息化、城镇化、农业现代化同步发展[5]。

2012年十八大报告中把农业现代化排到了新四化的第四位。这说明随着中国人口的快速增加，2010年中国人口普查达到13.7亿人，到现在快14亿人，是20世纪50年代中国人口（6亿）的两倍多，粮食安全又遇到了新的问题，再次被提到国家安全战略层次。

虽然2013年我国粮食已连续10年增长，全国粮食总产达到了6亿t，但随着人口的快速增加和养殖业、工业及化工用粮等的急剧增加，中国粮食需求量达到了7亿t。近年来中国粮食进口比例不断增加，2013年我国净进口8400多万t粮食。其中谷物进口（小麦、大米和玉米）只有1400万t，进口量只占国内谷物生产总量的2.6%，自给率达97%以上。但大豆进口了6338万t，进口大豆要占到国内大豆需求的80%以上[6]。

2013年12月,中央经济工作会议提出了2014年经济工作的主要任务,其中"切实保障国家粮食安全"首次跃升为六大任务之首,粮食安全首次获得高度关注,被提升至2014年国家一号战略。确立了"以我为主、立足国内、确保产能、适度进口、科技支撑"的国家粮食安全战略。要依靠自己保口粮,集中国内资源保重点,做到谷物基本自给、口粮绝对安全。更加注重农产品质量和食品安全,转变农业发展方式,抓好粮食安全保障能力建设,把"饭碗"牢牢端在自己手上[7]。

2014年中央一号文件《关于全面深化农村改革加快推进农业现代化的若干意见》明确指出:抓紧构建新形势下的国家粮食安全战略。把饭碗牢牢端在自己手上,是治国理政必须长期坚持的基本方针。综合考虑国内资源环境条件、粮食供求格局和国际贸易环境变化,实施以我为主、立足国内、确保产能、适度进口、科技支撑的国家粮食安全战略[8]。

5.2 保障粮食安全对中国来说是永恒的课题

由以上中国现代化发展过程来看,工业现代化是国家现代化优先发展的目标,其次应该是农业现代化,再次是国防现代化、信息化、城镇化等。工业现代化为农业现代化、国防现代化、信息化和城镇化提供强大的物质和科技支撑。

农业现代化是各种现代化的基础,是国家安全的重中之重,没有农业现代化,就没有国家粮食安全,何谈其他现代化。中国农业现代化的发展取决于三个方面:一是人口发展对粮食的需求;二是气候灾害对粮食安全的影响;三是工业现代化对农业现代化的支撑,即工业对农业的反哺。

农业现代化重要性的体现基本取决于人口和粮食供需矛盾,在中短期情况下,粮食安全决定于自然灾害的影响程度,自然灾害严重,粮食歉收,粮食安全问题突出,对农业现代化的重视度就较高;如果粮食丰收,粮食安全暂时有一定的保障,对农业现代化的重视度就相对较低。而从长远来看,中国是一个人口大国,人口逐渐增加,但耕地面积不断减少,中国粮食安全问题是个永久的问题。因此,中国农业现代化应该是一个长期的目标,要在有限的水土等资源条件下,生产出更多的粮食,必须靠科技支撑,发展现代农业。

从历史发展历程来看,毛泽东同志1962年在八届十中全会提出的"以农业为基础,以工业为主导"的经济建设总方针[9]还是具有长远的指导意义。

从人类生存和发展的基本要求看,人是铁,饭是钢,一顿不吃饿得慌。粮食安全应该是中国农业现代化的终极目标。

习近平曾讲到,手中有粮,心中不慌。保障粮食安全对中国来说是永恒的课题,任何时候都不能放松。历史经验告诉我们,一旦发生大饥荒,有钱也没用。

解决13亿人吃饭问题，要坚持立足国内[10]。

5.3 中国农业现代化的内涵和发展

新中国成立初期毛泽东就提出"农业的根本出路在于机械化"，并强调了实现农业机械化、水利化、化学化和电气化的目标。20世纪七八十年代，我国政府又进一步强调农业科学化、集约化、社会化和商品化[11]。

2007年中央一号文件《中共中央国务院关于积极发展现代农业扎实推进社会主义新农村建设的若干意见》中提出，发展现代农业是社会主义新农村建设的首要任务。还提出，要用现代物质条件装备农业，用现代科学技术改造农业，用现代产业体系提升农业，用现代经营形式推进农业，用现代发展理念引领农业，用培养新型农民发展农业，提高农业水利化、机械化和信息化水平，提高土地产出率、资源利用率和农业劳动生产率，提高农业素质、效益和竞争力[3]。

有学者提出，新型农业现代化，是以粮食优质高产为前提，以绿色生态安全，集约化、标准化、组织化、产业化程度高为主要标志，基础设施、机械装备、服务体系、科学技术和农民素质支撑有力的农业现代化[12]。

虽然我国20世纪80年代在粮食安全保障方面取得一定的成绩，但我国农民经济收入长期低下，农村建设发展缓慢，农民生产和生活水平都赶不上城镇居民，成为我国现代化发展的短板之一。农村真穷，农民真苦，农业真危险；农村像非洲，城市像欧洲，就是当时中国部分地区的工农业和城乡差异的真实写照。

现在看来，中国农业现代化不仅是粮食安全的问题，还要提高农民经济收入，改善农村建设面貌。农业现代化发展要向工厂化农业（包括机械化、电气化、水利化、化学化）、城镇化、信息化方向发展，让农民过上现代化生活。

因此，我国政府非常重视农业现代化的发展，改革开放以来，先后有15个中央一号文件关注农业现代化相关问题。中共中央在1982～1986年连续5年发布以"三农"（农业、农村和农民）为主题的中央一号文件，对农村改革和农业发展做出具体部署。2004～2014年又连续11年发布以"三农"为主题的中央一号文件，强调了"三农"问题在中国的社会主义现代化时期"重中之重"的地位。

这些都说明，中国农业现代化是个艰巨和长期的任务，随着人口、粮食和资源环境间的矛盾越来越多，随着世界科技的快速发展，中国农业现代化遇到的机遇和挑战越来越多。中国现代农业的目标就是不断发展农业科技以促进中国粮食安全保障程度的提高。未来能够满足中国粮食自给并有余，将中国由农业大国发展成为有部分粮食出口以外，还有大量蔬菜、水果、畜禽和水产品出口的农业强国，这就是中国农业现代化发展的远景目标[13]。

5.4 中国从农业现代化到现代农业的发展

从国内外现代化发展过程来看,中国在首先实现农业机械化、农业水利化、农业化学化、农业电气化的基础上,还要向农业标准化、农业工业化、农业商品化、农业信息化、农业绿色无污染化、农业城镇化、农业区域特色化、农业国际化等方向发展,才能真正形成有中国特色的现代农业模式[14]。

从粮食安全的角度来看,中国农业现代化科技支撑要素的重要性,首先是农业机械化,即农业的根本出路在机械化。我国20世纪50年代后就发展大型农业机械,如东方红履带式拖拉机和推土机,用于深翻土地和土地平整,在我国高标准农田建设方面发挥了重要作用。但由于当时工业现代化和经济条件的限制,我国的农业机械化普及率不到30%,还远远满足不了现代农业发展的需求。

到了20世纪80年代,农村改革开放以后,我国小型农业机械快速发展,如手扶拖拉机、小四轮等农业机械快速普及,这加快了实行农业生产承包责任制以后农业生产的发展,我国粮食总产快速提高,蔬菜、水果、畜禽、水产等农产品快速丰富。到了2000年左右,各家各户的小型农业生产模式经济效益低下,出现了种粮大户等规模种植业和养殖业,对大型联合收割机、大型拖拉机等需求量增加,国家出台了农机补助政策,进一步加快了我国农业现代化发展步伐。

其次是农业水利化。毛泽东曾经说过,水利是农业的命脉。20世纪70年代,虽然经过"文化大革命"等极"左"路线的干扰,但我国集中国家和群众力量干大事,修建了许多大中小型水利设施,为保障我国生产4亿t粮食提供了可靠保障。但在分田到户的80年代以后,我国农田水利设施没有受到保护和利用,还被大量破坏,在一定程度上影响了我国的粮食安全和现代农业的快速发展。2000年以后,随着工农业和城镇的快速发展,以及气候变化的影响、水资源短缺问题严重,我国加快了节水现代农业的发展。特别是2011年中央一号文件将水利建设作为重点,国家投资4万亿元用于水利建设,掀起了新一轮水利建设的热潮。虽然我国水利建设有过反复,但经过近60年的努力,我国灌溉农田面积从新中国成立初期的1亿亩,发展到现在的9亿亩。但中国18亿亩耕地中,还有9亿亩是旱地,这在很大程度上影响了我国的粮食安全。今后,还需要进一步加强节水农业现代化的发展,才能保障我国粮食安全。特别是在我国干旱、半干旱、半湿润地区,发展高水效现代农业是该区域农业现代化的首要目标[14~16]。

根据国内外现代农业的发展过程,我们认为现代农业应该包括两方面重要内容：一方面是以生物技术为基础和核心，另一方面是以动力装备现代农业为两翼。如何将生物技术与现代农业紧密结合，是我国未来现代农业发展的关键问题。我国种业落后于国外，加强种业现代化、加强生物技术型农业发展是我国当前及未来发展的一个重要方向[17]。

总之，中国现代化是世界现代化的一个重要组成部分，而农业现代化是中国现代化的一个重要目标，中国人口、资源、环境和粮食安全的矛盾越来越大，作为世界上人口最多的国家，我国的农业现代化任重道远，还需要我们根据国民经济和社会及科技的发展态势，做出科学的决策，以在不同的地区发展不同的现代农业模式，在不同的历史阶段决定发展农业现代化的具体模式，但不管怎样，在科技促进中国农业可持续发展的基础上，保障中国粮食安全将永远是中国农业现代化的终极目标。

参 考 文 献

[1] 岳从欣. 中国共产党关于"四个现代化"提法之历史考察[J]. 思想理论教育导刊, 2010, (5): 50-53

[2] 韩光亚. 周恩来与四个现代化目标的提出[J]. 当代中国史研究, 2006, (1): 65-70

[3] 中共中央国务院. 关于积极发展现代农业扎实推进社会主义新农村建设的若干意见[EB/OL]. http://news.xinhuanet.com/politics/2007-01/29/content_5670478.htm[2007-01-29]

[4] 中华人民共和国国务院新闻办公室. 《中国的粮食问题》白皮书[EB/OL]. http://www.people.com.cn/GB/channel 2/10/20000908/224927.html[2000-09-08]

[5] 胡锦涛. 坚定不移沿着中国特色社会主义道路前进, 为全面建成小康社会而奋斗[EB/OL]. http://news.xinhuanet.com/18cpcnc/2012-11/17/c_113711665.htm[2012-11-17]

[6] 陈锡文. 中国人的饭碗里要端中国粮[EB/OL]. http://tech.gmw.cn/2014-03/07/content_10606769.htm [2014-03-07]

[7] 新华网. 2013 年中央经济工作会议[EB/OL]. http://www.xinhuanet.com/fortune/2013zyjjgzhy.htm[2013-12-13]

[8] 夏晓伦. 解读 2014 中央一号文件: 更加注重粮食品质和质量安全[EB/OL]. http://finance.people.com.cn/n/2014/0119/c1004-24163331.html[2014-01-19]

[9] 丁云, 刘梦凡. 新中国成立以来毛泽东对工农业关系问题的探索[J]. 思想理论教育导刊, 2013, (12): 60-64

[10] 习近平. 粮食安全是永恒的课题[EB/OL]. http://news.xinhuanet.com/politics/2013-11/28/c_118339115.htm [2013-11-28]

[11] 曹林奎, 高峰.中国现代农业的基本特征[J].中国农学通报, 2005, (7): 115-118

[12] 吴海峰, 苗洁. 新型农业现代化探讨[J]. 农村经济, 2013, (2): 24-27

[13] 张正斌, 段子渊. 中国水资源和粮食安全与现代农业发展[M]. 北京: 科学出版社, 2010: 1-5

[14] 张正斌, 段子渊, 徐萍, 等.中国现代农业发展的探索与思考[J]. 科学新闻, 2008, (1): 36-37
[15] 张正斌. 北方农业现代化应该首先是节水农业现代化[N]. 科学时报, 2009-02-11, A1
[16] 张正斌. 中国旱地和高水效农业的研究与发展[M]. 北京: 科学出版社, 2006: 5-8
[17] 张正斌. 创建生物技术型现代农业应成为国家目标[J]. 科学新闻, 2011, (12): 89-91

[张正斌, 徐萍, 段子渊, 粮食安全是中国农业现代化发展的终极目标, 中国生态农业学报, 2015, 23 (10): 1215-1219]

6 建议加强小麦生产管理

2014年我国夏粮获得了大丰收，但我国小麦进口量不断增加，加上部分地区小麦有旺长的趋势，遭冬春冻害的风险加大；北方麦区受旱风险概率增大；江淮稻茬麦区小麦播种偏晚；部分地区小麦播种面积减少。这些问题的出现说明，中国小麦生产形势不容乐观。通过对我国小麦主产区的实地调研，我们建议加强小麦生产管理，以保障我国小麦持续增产，对实现我国主粮基本自给有重要指导意义。

6.1 中国小麦供需和生产当前面临的主要问题

6.1.1 小麦进口量不断增加

2014年小麦取得大丰收，全国冬小麦产量达到11 989.9万t，比去年提高了3.5个百分点。这主要是由于我国近年来重视小麦生产科技政策投入，再加上风调雨顺。在全国小麦播种面积近10年缓慢恢复增长的情况下，主要靠提高单位面积产量获得了丰收，实属不易。

但随着我国人口的不断增加和对优质小麦面粉的更多需求，我国近三年来小麦进口量不断增加，美国农业部2014年11月10日公布的报告称，2013/2014年度中国小麦进口预估为677万t，是2010年中国进口小麦（123.07万t）的5倍以上。

6.1.2 部分地区小麦播种面积减少趋势明显

在西北麦区，长期以来，由于小麦种植效益下滑，甘肃全省小麦种植面积持续下降，小麦播种面积已由1985年的2229.8万亩下降到2014年的1184.6万亩，29年内下降了1045.2万亩，减少了一半左右。导致甘肃省内小麦产不足需，每年全省小麦需求量约为450万t，而生产量仅为250万t左右，每年小麦缺口近200万t，供需矛盾较为突出。

在江淮地区近年来秋季多雨连阴寡照，水稻（大豆）晚收且减产明显。安徽淮河地区水稻目前到 11 月 10 日大部分还没有收获，估计在 11 月中下旬前后可以收获，稻茬麦播种推迟半个多月。近年来由于种麦经济效益不高，许多群众放弃稻茬麦的种植，或者只种一季水稻，甚至有撂荒的现象。南方稻茬麦播种面积和产量有减少的趋势。

在华北地区，由于压缩超采地下水，河北黑龙港流域小麦播种面积有明显减少的趋势，河北省 2014 年小麦播种面积减少 80 万亩。京郊小麦播种面积也有减少的趋势。

由于 2015 年最低收购价格维持 2014 年政策不变，种植效益下降。据神农网报道，预计 2015 年中国小麦播种面积为 2.44 亿 hm^2，较 2014 年下降 0.7%。

6.1.3　2014 年暖冬小麦遭受冻害和干旱的风险加大

据国家气候中心报道，2014 年厄尔尼诺（太平洋暖流）现象再次升级，预计 12 月将会达到峰值，2014 年冬我国北方地区或将迎来暖冬。

目前我国黄淮海麦区 10 月 7 日以前播种的小麦长势明显良好，如果遇到暖冬，明显有旺长的趋势，特别是黄淮南片麦区，小麦旺长和遭遇冬春冻害的风险明显加大。

河北黑龙港流域和山东德州、菏泽等地，由于是盐碱地，小麦出苗情况不好，特别是在年降水量只有 500~600mm，小麦-玉米一年两熟，没有充分灌溉，前茬玉米耗水量大、后茬小麦底墒不足的地区，小麦在暖冬期间遭受干旱胁迫的风险增大。

6.2　加强小麦生产管理的有关建议

6.2.1　及时加大力度，恢复江淮稻麦地区的小麦等其他作物播种面积

在淮南稻麦两茬地区水稻晚收的情况下，采取惠农鼓励措施，恢复扩大稻茬麦的播种面积，选种生育期短的半春性小麦品种，同时加大播量，争取在冬季获得一定分蘖基础的小麦群体，再加上春季小麦灌溉施肥促高产，还可以获得一定的小麦产量。或者在水稻晚收后种植油菜、春玉米，确保来年夏粮丰收。

另外，由于近年来江淮地区多雨、变湿，大豆受低温寡照的影响，病虫害严重发生，减产明显，种植效益剧烈下滑。但玉米受低温寡照影响较轻，产量还比较高，因此，许多地区将小麦-大豆低产低效栽培模式改为小麦-玉米高产高效（吨粮田）栽培模式。这也是黄淮南片粮仓建设的主攻方向。中国科学院正在组织有

关农业科研力量，在此区开展第二粮仓建设行动。

6.2.2 加大小麦旺长遭受冻害风险的防控

通过科学引导、政府资金补助和组织农业专业服务队，对不同类型的麦田进行适时调控。在早播、水肥条件好的地区，特别是黄淮南片地区，小麦立冬前后就封行，有旺长明显的趋势，容易遭遇冬春冻害的风险，建议通过镇压、喷施化控药剂、减少灌溉等措施，及时防控小麦旺长，减少冬春冻害损失。

6.2.3 加强小麦节水灌溉，减少冬春干旱风险

随着农业合作社的快速发展，大面积节水灌溉设施建设和投资成为当前农业合作社的一大问题。以前各家各户灌溉自己小面积的麦田，没有出现困难；但现在要短期统一灌溉100~500亩的麦田，农民合作社就遇到灌溉设施不足、投资不足的困难。建议各级政府用好各种惠农和农田水利建设资金，通过补贴农业合作社节水灌溉设施建设和用具购置，扩大节水灌溉面积。

2014年小麦播种前降雨较多，底墒较好。但北方大部分地区小麦播种一个多月后，降雨很少，部分前茬耗水严重的地区，后茬小麦底墒不足，出苗率下降；因此，要因地制宜，进行节水冬灌，促进弱苗田向壮苗田的转变。

6.2.4 倡导华北地下水超采地区减少灌溉高产小麦种植面积，科学种植抗旱抗盐小麦

实际上，小麦在三大粮食作物里是最抗旱、耗水最少的主粮作物，在全球干旱半干旱地区是种植面积最大的粮食作物。澳大利亚、美国、加拿大、俄罗斯等小麦生产大国，其大部分小麦是不灌溉的。

小麦是一种抗旱抗寒作物，也具有一定抗盐性，比玉米等作物耐盐。因此，在冬春干旱、风沙比较大的华北地区，小麦是一种抗旱抗冻抗逆同步、生态绿化、粮饲兼用作物。由于冬小麦秋播后，冬季耗水少，有绿化覆盖、明显减少冬春沙尘暴风险、水土保持、美化农村生态环境等重要作用与功能。

为了保护生态环境和粮食安全双赢，在降水量只有500~600mm、一年两熟的华北平原地区，要积极推行半旱地农业发展，即旱季种不灌溉或者灌救命水的中低产抗旱小麦等作物，雨季种植雨热同步高产玉米等，不要进行充分灌溉追求高产。这一方面可以兼顾生态环境保护，另一方面可以缓解小麦供需矛

盾压力。

华北地下水漏斗主要在城市区，随着南水北调中线和东线通水，地下水漏斗会有所减轻，改灌溉农业为半旱地农业，改灌溉高产小麦为旱地中产小麦，就可以实现增粮和环境改善协同发展。

在河北黑龙港流域，大部分地下水超采地区，实际上是地下淡水埋深下降严重的地区，但该地区有大量的浅层微咸水（水位在地下3m左右），形成了大面积的盐碱地，通过土壤毛细管自然的提升作用，就可以满足中低产田抗盐小麦对水分的需要，在不追求高产、用微咸水补充灌溉的条件下，科学合理种植抗旱抗盐小麦等作物，无论对改善该地区的生态环境，还是对增加当地粮食产量和群众经济收益，都具有一定的补益作用。

要科学辩证地看待盐碱地地区地下水下降的问题。在许多盐碱地地区，由于地下水位降低，还加快了有些地区从盐碱荒地向农田、从中低产田向中高产田的转变。例如，河北黑龙港流域的沧州等地，以前是盐碱荒地，现在成为河北粮食主产区，目前由李振声院士带领的中国科学院团队，在该地区靠扩大种植抗盐小麦、治理盐碱地等措施，发展渤海粮仓。

6.2.5　加大农机补贴发展现代农业

黄河、海河流域小麦-玉米种植区，联合收割机跨区作业发达，目前秸秆还田普遍，很少有秸秆焚烧，形成了改良土壤、培肥地力的良好循环。

但在淮河和江淮稻麦两茬地区，秸秆粉碎和深翻土地农业机械化不发达，小麦秸秆还田难，后茬水稻插秧困难，焚烧秸秆普遍发生，收获、播种季节空气污染严重。因此，急需政府加大补贴，鼓励农机制造企业多创制适合稻麦两茬地区的秸秆粉碎还田和深翻耕地的大中型农业机械，以保障有大马力，在短时间内，满足前茬小麦秸秆粉碎深翻、后茬水稻及时高质量插秧的紧迫需求。

6.2.6　加大小麦病虫害物理和生物综合防治

近年来，由于南方稻麦两熟地区气候温暖湿润，小麦冬前红蜘蛛、开花期赤霉病等病虫害大发生。在北方由于气候变暖，在灌溉或降雨较多的情况下，南方小麦的主要病虫害如赤霉病、白粉病、纹枯病等在北方麦区也有一定大发生。主要原因是小麦赤霉病寄主在玉米秸秆上，大部分地区都推行玉米等秸秆粉碎旋耕浅层还田（即保护性耕作），没有深翻玉米等秸秆，就容易引起赤霉病大发生，同时引起后茬小麦（水稻、大豆）等病虫害严重发生。

我国政府目前推行的是小麦的"三喷一防"，对控制小麦病虫害和抗旱等有重要的作用，但也带来成本增加和环境污染加重的问题。因此，与其加大"三喷一防"，鼓励农药生产，污染环境和粮食，不如加大补贴深翻农机具发展，利用深翻土地物理防治病虫害，减少环境污染，同时改善土壤结构，建设高标准农田。

（张正斌，徐萍，建议加强小麦生产管理，中国科学报，2014-12-12，第7版 智库）

7 加强对极端天气干预，保障夏粮安全

从开春到立夏，我国极端天气频发，对我国夏粮安全造成了一定威胁，建议加强对极端天气干预，保障夏粮安全。

2015 年黄淮麦区夏粮安全已受到极端天气的威胁。中国气象局国家气候中心报道，2015 年是全球厄尔尼诺较强的一年，2015 年厄尔尼诺或将制造"凌乱"的夏天。在我国，厄尔尼诺"发威"的主要地区集中在中东部，它的影响明显而复杂，有暴雨洪涝，部分地区会出现"凉夏"。

近年来，我国气候变化研究表明，江淮地区有变湿润的趋势。2014 年下半年就因为多雨导致该区稻茬小麦播种偏晚，对 2015 年夏粮增收不利。

黄淮麦区气候今年整体升温较慢，极端天气多。安徽淮北局部地区小麦拔节孕穗期遭遇低温霜冻。2015 年 4 月 28 日，华东地区出现大范围强对流天气，安徽省 13 个县市出现雷暴，4 个县市出现冰雹，仅宿州和亳州两地直接经济损失 1.3 亿元。

2015 年 5 月 6~7 日，河南省 10 余个市县，特别是中部和东部地区遭遇强对流天气，冰雹、大风天气突发，造成很大农业损失，作物受灾面积 17.88 万 hm^2，灾害造成直接经济损失 9.58 亿元。河南东南部地区去年夏秋连旱，玉米等秋季作物就明显歉收；今年夏初又出现冰雹、大风、暴雨天气，对小麦等夏粮农作物造成了毁灭性的损失。这需要引起各级政府的高度重视。

尽管极端天气已经对夏粮安全造成威胁，但黄淮麦区当前的生产形势良好。黄淮麦区是我国乃至世界第一大小麦主产区，黄淮南片是我国最大的小麦生产区，常年有 1.2 亿亩小麦播种面积，占我国小麦播种面积的 1/3 左右。该区的河南省是我国小麦第一大省，对保障我国粮食安全意义重大。

2015 年黄淮地区小麦长势良好，从播种到开花期，黄淮北片降雨适中，黄淮南片降水偏多，保障了亩穗数较多；加上黄淮麦区整体气温回升不快，有利于大穗多粒的发育；且病虫害发生趋势不严重，为 2015 年小麦丰收打下了很好的基础。

2015 年是淮北地区小麦生长多年来长势最好的一年，虽然局部地区拔节孕穗期遭遇低温霜冻，出现部分小穗不育现象，但如果不再遭遇极端天气和赤霉病等病虫害大发生，小麦大丰收在望。

为此，笔者建议，加强黄淮麦区极端天气干预措施，以保障夏粮安全。黄淮

小麦从现在开花到灌浆期大概有一个月的时间，是籽粒产量形成的关键时期。如果小麦灌浆成熟期遭遇病虫害大流行和大风、暴雨、冰雹天气，则小麦前中期的高产基础将前功尽弃，产量损失可达到 50%～100%。因此，夏粮丰收最关键的是要决战这一个月。

除了在小麦中后期抓紧"三喷一防"，控制病虫害、抵御干旱这项工作外，更要重视在小麦生育期后期，积极对极端天气进行预报和干预，减少大风、暴雨、冰雹极端天气的发生，减少倒伏等损失，这是保障我国夏粮安全的关键。

凡事预则立，不预则废。历史和现实提醒我们，我国各级政府部门，面对小麦生育后期可能突然"发难"的极端天气，决不能大意。宁可把形势估计得严峻些，尽早采取措施，打有准备之战。

（张正斌，加强对极端天气干预，保障夏粮安全，中国科学报，2015-05-20，第5版 农业周刊）

8　保夏粮，加强小麦中后期三大管理

我国黄淮海地区是世界上最大的小麦主产区，也是我国优质小麦生产基地。近年来，随着玉米秸秆还田的增加，深翻耕地的减少，小麦病虫害和杂草日趋严重，加上气候变暖，极端天气频发，黄淮麦区遭受大风、暴雨、冰雹等灾害天气频率增加，特别是降水较多的黄淮南片地区，小麦近年来多次遭受赤霉病和倒伏等灾害，小麦籽粒完善率和商品粮价值低，农民出售小麦困难，给农民和国家都带来很大的经济损失。

国家气候中心气候监测认为，2015～2016年超强厄尔尼诺已成为1951年有完整气象资料以来最强的厄尔尼诺事件。2016年春季，我国东部大部分地区降水较常年偏多，西部偏少，江南出现春季连阴雨及倒春寒，东北地区可能出现低温春涝。夏季，我国南方尤其是长江中下游降水将明显偏多，出现严重洪涝灾害的概率增大。受全球气候变暖与此次超强厄尔尼诺事件的共同影响，极端天气事件可能会更频繁出现。

全国农业技术推广服务中心预计，2016年小麦病虫害总体偏重发生，发生面积9.7亿亩次。赤霉病在长江中下游和黄淮麦区大流行风险高，条锈病在西北、西南麦区重发程度高，麦蚜在华北和黄淮北部麦区虫口密度大，纹枯病和白粉病在各高产麦区发生普遍，叶锈病上升趋势明显。

在当前粮食经济效益明显下滑、农民种粮积极性不高的状况下，研究如何确保夏粮生产安全意义重大。

再过两个多月，小麦就将收获，在5月前后小麦开花期（一周左右）对赤霉病等病虫害的重点防治，以及5月底到6月初对小麦倒伏和穗发芽的重点防治，是小麦后期管理的三大重点任务。虽然我国黄淮海小麦主产区前期有很好的生物学产量基础，但如果小麦后期穗部籽粒遭遇赤霉病等病虫害和干旱、多雨、倒伏等胁迫，则将大幅度减产、功亏一篑。

首先，小麦抗倒伏需要科学防治方法。笔者建议，合理运用化控技术，针对旺苗田要喷洒壮丰安、矮壮素、助壮素、多效唑等植物生长调节剂及磷钾肥液。不仅能控制小麦旺长，防止倒伏，增强抗逆能力，而且能提高光合效率，使结实早，籽粒重。

在小麦三叶期和起身期，每亩喷洒15%的多效唑溶液（多效唑13g兑水10kg）

50~75kg，或在小麦拔节后 1~3 节伸长时，喷洒有效成分 50%的矮壮素 200 倍液，也有抑制株高、防止倒伏作用；或在小麦起身时，每亩用 15~20mL 25%的助壮素兑水 40kg 喷雾，在小麦扬花期，每亩用 8~10mL 25%的助壮素兑水 50kg 并加 0.2%~0.4%浓度的磷酸二氢钾溶液进行喷雾；或在小麦起身期每亩用壮丰安 30~35mL，兑水 40~50kg 喷洒。小麦生长中后期，以 5%草木灰浸出液喷施 2~3 次，对防止和减少倒伏危害也有明显作用。

在小麦灌浆中后期，遇到长时间阴雨，同时伴随阵风或大风，是小麦局部或大面积发生倒伏的主要原因。如果遇到干旱，宜小水地面管灌，不要喷灌；应注意在大风大雨之前不能浇水。遇到多雨涝渍，要加快排水。要提前做好冰雹、暴雨和大风等极端天气预报和防控，要提早布局人工干预天气的防冰雹、暴雨的火箭炮，或者利用飞机进行大面积气候干预，减少冰雹、暴雨天气的损失。

其次，对小麦赤霉病采取绿色防治措施。近年来，江淮和黄淮地区小麦开花期容易遇到高温高湿天气，赤霉病有逐年加重的趋势，造成小麦大幅度减产甚至绝收。感染赤霉病的小麦籽粒和面粉，因为具有毒素，不适合人畜食用和饲用。

安徽省是我国小麦赤霉病主要发生区之一，笔者建议当地提早布局小麦赤霉病的防控体系。沿淮及以南麦区重病区务必宣传开展两次防治，即在第一次防治一周后，开展第二次防治；淮北中北部麦区如在抽穗扬花期遇多阴雨天气，要进行补治；赤霉病秆腐发生重的麦区，孕穗末期开展一次防治。

一是选择渗透性强、耐雨水冲刷和持效性好、低毒高效对路的农药；二是辅助使用植物调节免疫剂和减量增效助剂，调节小麦生长，提高小麦免疫力，增强抗病性，减少化学农药用量；三是多菌灵抗药性严重地区要开展轮换用药；四是利用飞机、无人机和大中型高效喷药机械，进行集中、快速、重点、高效的绿色防控。

最后，注意对小麦穗发芽的重点防治。一是进行合理肥水调控，防止肥料施用过迟、过多，造成贪青晚熟；二是降渍除涝，及时排水，通风透光，以降低田间湿度，减少穗发芽发生条件；三是小麦灌浆期在叶面喷施磷酸二氢钾等来抗旱、加快灌浆早熟；四是在小麦花后一定时期内喷施多效唑和穗萌抑制剂，如脱落酸、穗得安等。

笔者提醒，小麦成熟后应马上组织大中型联合收割机抢收抢打，尽快晾干入库。国家和地方要加大对粮食烘干设备的补贴，这是目前现代农业机械中最薄弱的一个关键环节，是"龙口夺食"的关键，是减少粮食霉变损失和提高商品质量的关键技术之一，希望更多的农民合作社能够拥有更多的粮食烘干设备，就可以为国家挽回 20%甚至 50%的粮食损失。

（张正斌，保夏粮，加强小麦中后期三大管理，中国科学报，2016-04-06，第 5 版 农业周刊）

9 中低产田应加强进出口粮油饲料作物生产

2015年11月2日，农业部出台《关于"镰刀弯"地区玉米结构调整的指导意见》（以下简称《意见》）提出，力争到2020年，"镰刀弯"地区（包括东北冷凉区、北方农牧交错区、西北风沙干旱区、太行山沿线区及西南石漠化区）玉米种植面积稳定在1亿亩，比目前减少5000万亩以上，重点发展青贮玉米、大豆、优质饲草、杂粮杂豆、春小麦、经济林果和生态功能型植物等，推动农牧紧密结合、产业深度融合，促进农业效益提升和产业升级。

这对我国农业结构调整、缓解玉米生产过剩及时且必要，但在如何减少我国油料、饲料、化工原料进口及优化作物布局等方面还有待进一步明确。

笔者认为，加强对大豆、油菜、高粱、大麦、木薯这些需要大量进口，但同时又适合我国北方、西北和西南中低产田地区种植作物的恢复性和扩大生产，既有利于保障我国主粮安全，又有利于保障我国食用油、饲料、化工用粮等副粮安全，同时有助于加快这些中低产田地区脱贫致富，还有利于减少地膜等农田污染，改善生态环境。

9.1 我国粮油饲料供需矛盾突出

国家统计局12月8日发布消息：2015年全国粮食再获丰收，总产量62 143.5万t，同比增长2.4%。虽然粮食总产实现十二连增，但我国粮食仍有缺口。农业部部长韩长赋11月25日在《人民日报》指出，到2020年我国粮食需求大约为14 000亿斤，还有2000亿斤左右的缺口。

国家发展和改革委员会公布的《2015年粮食进口关税配额申领条件和分配原则》规定，2015年粮食进口关税配额量为：小麦963.6万t，玉米720万t，大米532万t，累计是2215.6万t。这些配额基本可以满足我国对优质小麦配粉、大米和部分饲料玉米的需求。除去这2200多万t的进口关税配额，我国2015年还有超过1亿t的粮油进口。

国家粮油信息中心主任尚强民12月5日指出，2015年我国谷物加大豆加薯类进口量三项预计达到1.25亿t，再创历史纪录，比2014年增长逾20%。

我国水稻和小麦两大主粮的保障没有问题，但食用油材料进口量占粮食进口的70%，玉米、高粱和大麦主要是饲料用粮和酿酒业用粮，进口量占粮食进口的20%，是第二大进口粮食，木薯淀粉等化工用粮进口占粮食进口的10%。

目前我国粮食供需矛盾主要体现在主粮的供给充足，但食用油和饲料及能源化工用副粮供给明显不足：大量进口大豆（油菜）主要是满足国内对食用油和饲料豆粕（蛋白质）的巨大消耗，进口玉米（酒糟粕）、高粱和大麦也是作为南方养殖业替代国内高价玉米和小麦的饲料，少部分是酿酒用；还有木薯（干片）淀粉等也是用于化工（制乙醇、生物能源）等。

因此，当前我国中低产田地区作物种植业结构调整的首要任务是"粮改油"，其次才是"粮改饲"。我国油料有近1亿t的巨大短缺，其他小油料作物无法替代大豆和油菜，但我国有大量的陈粮转化和部分质量不好的粮食可以满足对饲料和化工用粮的需求。

9.2 西北地区是优质玉米生产区和制种区

《意见》指出，要在"镰刀弯"地区（也是我国中低产田面积最大地区）进行玉米"粮改饲"，认为其中大部分地区是农牧交错带和畜牧业优势区，有大量的对青贮玉米等饲料的需求。但实际情况并不完全是这样。我国广牧（草原）薄收的游（畜）牧业的确在这些"镰刀弯"地区，特别是在西部风沙干旱区和北方农牧交错区，有一定的冬季饲草短缺问题。但是，大量靠饲料生存的养殖业和农产品深加工，包括酿造和化工（生物能源）产业却是在农区（东北平原、黄淮海平原和长江中下游平原），而不是在"镰刀弯"地区。

虽然西部地区因干旱缺水不是玉米的主产区，但是相对于半湿润的东北平原和黄淮海平原玉米成熟后脱水慢，不能直接粒收，经常出现玉米大量堆放霉变、储运困难、品质不佳等问题，西部干旱地区因玉米脱水彻底，是难得的可直接机械化粒收玉米区，是优质玉米区和高效制种区。

笔者认为，应主要压缩"镰刀弯"地区中东北湿冷地区和西南喀斯特水土流失严重地区的玉米种植，同时要压缩西北干旱半干旱地区地膜玉米的大规模种植，减少地膜环境污染。抓住气候变暖的战略机遇期，稳定和恢复雨热同步、秸秆还田、保护性耕作的玉米生产，通过加快南水北调西线调水建设发展节水农业，加强西部地区优质玉米和制种玉米的发展，这些应该是我国玉米种植优化的目标，以替代东北湿玉米区，恢复东北大豆主产区，成为我国食用油基地。

9.3 中低产田区是进出口粮油作物的主要种植区

从这些作物的生产来看，我国东北冷凉中低产田区原来就是大豆和高粱的主产区，西北西南中低产田地区有种植耐旱耐盐高粱和早熟大麦的习俗；北方高海拔地区可以种植春大豆和春油菜，低海拔地区可以种植夏大豆和冬油菜；广西、云南等西南省（区）中低产田地区有扩大木薯生产的潜力。这些抗逆耐瘠特色作物正好是我国中低产田地区的适生作物。

之前，由于对大豆、油菜、高粱、大麦、木薯等油料饲料和化工用粮作物生产不够重视，加上国外到岸价格低于国内价格，这些作物的种植面积急剧下降，造成了只能靠大量进口满足国内需求的尴尬局面。

笔者建议，国家和中低产田区省份应出台多项优惠补贴政策，在稳定三大主粮作物生产的同时，减少在"镰刀弯"地区的地膜高产玉米和小麦等作物种植；利用气候变暖的有利时机，推进我国油菜的西扩北移；恢复和扩大对我国大宗进口的大豆、油菜、高粱、大麦、木薯等作物的保护性耕作和秸秆覆盖抗旱栽培；另外，要改粮饲用玉米生产为油饲用玉米生产，重视高油玉米育种和栽培及深加工，要逐渐探索用高油玉米替代大豆和油菜作为我国食用油和饲料的主要来源。

这样做，一是可以发挥高粱、大麦等抗逆作物高效利用中低产田地区的自然资源优势；二是减少灌溉、化肥、农药、地膜等投资，节本增效，改善生态环境；三是满足我国食用油、饲料、酿造、能源化工等方面的用粮，减少我国对这些副粮的进口需求。

我国广袤的中低产田地区是小杂粮种植的适生区或优生区，我国是世界占首位的杂粮生产大国。近几年来，特别是我国加入世界贸易组织（WTO）之后，小杂粮出口非但没有受到大的冲击和压力，反而又迎来一次难得的机遇。随着人们对营养健康的日益重视，国内外市场上小杂粮正呈现产销两旺的景象。在正常情况下，出口 1t 杂粮的经济价值约相当于出口 2.75t 大宗粮食。据统计，中国小杂粮年出口量 80 万～150 万 t，占中国粮食出口量的 10%左右，年创汇 3 亿～5 亿美元，占中国粮食出口创汇总额的 20%～30%。

因此，建议在我国中低产田区出台大宗油料和饲料化工用粮、小杂粮等作物种植的特殊补贴和优惠政策，使中低产田扬长避短，变不高产劣势为生产无污染优质绿色出口农产品的优势。鼓励我国食用油、饲料、化工用粮进口企业在中低产田地区进行订单生产，建立食用油和饲料及化工用粮生产基地和小杂粮出口基地，一方面满足进口需求，另一方面通过出口创汇帮助这些中低产田地区群众提前摆脱贫困。

9.4 根据粮油饲料进出口需求优化种植业结构调整

近 30 年来，为了保障我国水稻、小麦两大食用粮及以玉米为主的饲料用粮安全，农业生产追求高水肥药投入，使我国东部粮食主产区环境污染严重，西部地区中低产田地膜等污染也非常严重，陷入粮食丰产，粮库建设不足，价格回落，增产不增收的困局。同时，中低产作物被压缩种植生产，其相应的作物育种也得不到重视。结果造成我国主粮和高产作物大量过剩，而油饲料等副粮低产作物大量进口的矛盾。

因此，建议实行粮食生产省长责任制，首先要抓主粮作物生产，保障我国主粮（水稻、小麦）和主饲（玉米）安全，其次要重视我国主油（大豆、油菜）安全，最后兼顾酿酒化工（乙醇、生物能源）用等副粮安全。不同地区的分工应该不同，东北平原（玉米、水稻）、黄淮海平原（玉米、小麦）和长江中下游平原（水稻）粮食高产主产区应主抓主粮和主饲（玉米）生产，而其他中低产田地区，应该主抓我国主要进出口粮油作物，特别是大宗进口的主油和副粮作物的生产，以缓解我国粮食生产及供需不对应的矛盾；还要重视中低产田地区小杂粮出口生产和深加工增值。

习近平总书记曾指示："中国人的饭碗任何时候都要牢牢端在自己手上，我们的饭碗应该主要装中国粮"。我们建议中国人也要提稳自己的油壶，中国的油壶要装中国的食用油，这样我们才能永远立于不败之地。手中有粮有油，心中不慌。

（张正斌，中低产田应加强进出口粮油饲料作物生产，中国科学报，2015-12-23，第5版 农业周刊）

10　应重点发展产供销一条龙的农业经营部门

我国经过不懈的努力，实现了粮食总产十二连增，2015年达到了6.2亿t，保障了我国的粮食安全，并为世界粮食安全做出了突出贡献，受到国际粮食及农业组织的高度评价。

但近年来农业结构性矛盾开始显现，阶段性、结构性的供过于求和供给不足并存。小麦、稻谷口粮品种供求基本平衡，玉米出现了阶段性供大于求，价格下跌，农民收入明显减少；大豆的供求缺口逐渐扩大，2015年进口8000多万t。同时，棉花、油料、糖料进口增加，累计进口粮食1.2亿t。2015年下半年到现在出现了猪肉和大蒜价格猛烈上涨，而苹果等水果出现滞销等现象，这些都严重地影响了农民发展现代农业的积极性和社会经济市场的稳定。

汪洋副总理2016年5月讲话指出，"要着力推进农业供给侧结构性改革，完善现代农业经营体系、农村集体产权制度、农产品价格形成机制和收储制度"。为了解决农产品多了价格就低了和销售不畅，以及后边连续出现的生产量少了和价格上调及供应不足的过山车般的大震荡矛盾，科学布局我国农产品优势区，科学高效经营我国农产品进出口及国内市场，稳定增加农民收入，我们建议，除了靠市场调节外，我国政府更应该学习美国及国际四大粮商（ABCD）的管理和产业链经营体制，重点发展农业经营学并建立专门的农产品经营部门，减少农产品进出口中间管理环节，变多部门管理农业为专业部门经营农业，让中国从农业大国成为现代农业强国。

10.1　中国农业经营当前面临的问题

近年来，我国玉米出现生产过剩，储备库建设不足，但由于国外玉米等饲料到岸价格低于国产玉米等饲料价格，国内还大量进口玉米、高粱、大麦等饲料；我国大豆种植面积急剧减少，同时国外大豆到岸价格低于国产大豆，导致我国大豆进口量持续增加；出现了国内粮食大量剩余但还大量进口国外粮食的矛盾。

美国农业部资深经济学家弗雷德里克·盖尔2014年指出，由于中国对种植玉米和水稻的扶持政策，很多东北农民放弃种植大豆转向种植玉米和水稻，导致

2009~2012年中国大豆种植面积缩减27%，中国大豆产量处于停滞状态；而同期中国国内大豆需求不断增长，进口量增加。目前，大豆成为中国从美国进口增长最快的农产品，导致中国农业补贴玉米，而美国大豆出口受益。

我国农业部2015年11月出台了《关于"镰刀弯"地区玉米结构调整的指导意见》，2016年4月28日农业部公布了《全国种植业结构调整规划（2016~2020年）》，我国将构建粮经饲协调发展的作物结构、适应市场需求的品种结构、生产生态协调的区域结构和用地养地结合的耕作制度。这些指导研究和调整规划对我国种植业结构调整有一定的积极指导意义，但实际上已经是临时抱佛脚了。

凡事预则立，不预则废！目前中国农业发展的矛盾，说明各个政府管理部门对农业生产、储存和市场需求及进出口大数据，并没有很好地进行分析和对未来提前预警，才出现了令人措手不及的应急种植业结构调整。

以上这些还不是解决中国农业经营落后问题的根本，除了在农产品出现过剩和短缺之后的调整，更重要的是要发展农业经营学，建立专门的农业经营机构，在全国乃至全球范围进行中国农产品的贸易经营，让中国的产业优势变成经济效益优势，在解决"三农"问题方面做出重要贡献。

目前在中国农业经营方面的问题是，农业生产归农业部主管，农业部实施了高产创建等科技项目，科技部也实施了粮食丰产科技工程等项目，目的都是加快中国粮食持续增产。但生产的粮食多了却没有人管了，如何消化这些过剩的农产品，和那些产业部门联动，延伸产业链，提升产值，则没有积极应战而是被动对接。

我国粮食储存归国家粮食局和中国储备粮管理总公司管理，粮食进出口要通过商业部和国家发展和改革委员会批准进口关税配额，粮食加工进出口则由中粮集团有限公司管理，中粮集团目前下设中粮粮油、中国粮油、中国食品、地产酒店、中国土畜、中粮屯河、中粮包装、中粮发展、金融等9大业务板块。农产品进出口数据则是要从海关部门进行统计。中央农村工作领导小组负责制定关于农业发展的中央一号文件。

从产供销链来看是分门别类的专业管理，实际上是"铁路警察各管一段"，没有能够有效统筹各种农产品产供销信息，难以对我国农产品做出统一优化管理和经营，难以发挥我国农业大国的国际影响。为了更好地发挥我国农业生产的优势并转化成高效益的现代农业，我们需要向现代农业管理经营先进的美国、国际四大粮商（ABCD）等学习和借鉴经验。

10.2 中国和美国农业部的功能比较

中国农业部是主管农业与农村经济发展的国务院组成部门，是国务院综合管理种植业、畜牧业、水产业、农垦、乡镇企业和饲料工业等产业的职能部门，又是农村经济宏观管理的协调部门。其职责权限有11条，其中有一条是研究制定农业产业化经营的方针政策和大宗农产品市场体系建设与发展规划，促进农业产前、产中、产后一体化；组织协调菜篮子工程和农业生产资料市场体系建设；研究提出主要农产品、重点农业生产资料的进出口建议；预测并发布农业各产业产品及农业生产资料供求情况等农村经济信息。

美国农业部是联邦政府内阁13个部之一，是重要的经济管理部门。其职能范围就是"从田间到餐桌"。主要职能是：负责农产品及各种作物、畜牧产品的计划、生产、销售、出口等；监督农产品贸易，保证生产者与消费者的公平价格和稳定市场；根据世界与国内农产品生产和消费状况，提出限产或扩大生产的措施；负责发展农村住房建设、美化环境、保护森林、农业教育等。美国农业部由各类国家股份公司，如农产品信贷公司、联邦机构和其他机构组成，是直接负责农产品出口促销的政府机构，它集农业生产、农业生态、生活管理，以及农产品的国内外贸易于一身，对农业产前、产中、产后实行一体化管理。美国农业部有6大主要职能，其中一条是为美国的农林业产品和服务开拓海外市场。

从农业经营学方面来看中国和美国农业部的主要职能比较，美国农业部是一个重要的经济管理和经营部门，负责农产品及各种作物、畜牧产品的计划、生产、销售、出口等，为美国的农林业产品和服务开拓海外市场；美国农业部对美国农产品的产供销是"一竿子插到底"的控制。

而中国农业部是一个农牧副渔产业生产部门，又是农村经济宏观管理的协调部门；研究提出主要农产品、重点农业生产资料的进出口建议，但不直接参与中国农产品的进出口贸易和经营等。

因此，从农业经营学方面来看，中国的农业部是一个农业产业部门，而美国农业部是一个贸易经营部门。为了适应未来现代农业的发展，中国需要一个精通农产品经营的部门，把产供销和国内外贸易一起抓，这样就减少了中间环节，可以提高中国农业经济效益。

10.3 国际跨国粮商对中国农业的不断控制

随着改革开放，ABCD四大国际粮商进驻中国，对中国粮食生产加工和贸易将产生越来越大的影响与控制。美国ADM公司和新加坡WILMAR集团共同投资组建的益海（中国）集团是ADM在中国扩张的典型代表，益海集团部分控制了中国面粉和食用油加工和销售。美国邦吉（Bunge）进入中国市场较晚，在全世界32个国家拥有450多个工厂，在四大粮商中，以注重从农场到终端的产业链完整性而著名。美国嘉吉（Cargill）在中国建有27个独资和合资公司，在中国大部分省市建有饲料厂、榨油厂、高糖果厂等各类加工厂，并已在布局中国的化肥市场,除了种植领域外,嘉吉在华的链条基本搭建完成。法国路易达孚(Louis Dreyfus)早在20世纪60年代就与中国有饲料和谷物贸易,从2006年开始,路易达孚(北京)有限公司从中国政府手中获得玉米国内贸易的许可证后,积极拓展国内市场。

跨国粮商对中国农业的控制最典型的例子是,ABCD从2000年年初开始进入中国,2002年全面投产中国大豆产业,2003年因为遇到干旱,美国农业部预测大豆产量下降,美国金融炒家进入芝加哥商品期货交易所拉抬大豆价格而后又回落,导致中国大豆加工企业因为高价收购而后来价格下跌大量破产。此时,国际粮商利用其巨大的资金优势,大量收购了中国的破产大豆油料加工企业,但他们继续沿用原先中国企业的品牌,既规避了粮食敏感领域备受中国政府和公众舆论质疑的风险,又便于民众接受,从而赢得国内的广阔市场,可谓一举数得,为全面铺设全产业链奠定了基础。跨国粮商控制了中国的大豆市场后,在世界范围内就形成了原料在国外、加工销售定价在中国的布局。

如果中国政府和企业在农产品经营方面跟不上国际现代农业经营的发展,将被国际粮商占有更多的市场,中国将成为原材料生产国,而国际粮商则成了加工和经营销售的金融寡头,中国农业的命运将如同中国大豆全面沦陷的命运,受制于人。

10.4 建议我国重点发展农业经营学和建立产供销一条龙的农业经营机构

农业是基础,但现在也是一个经济型的产业,还要向现代化产业发展。农业除了解决吃好穿好等问题外,还要靠现代农业经营发家致富,改变"三农"落后面貌。

农产品不仅是基础物质,也是经济和战略武器!美国前国务卿基辛格有句名言:"谁控制了石油,谁就控制了所有国家;谁控制了粮食,谁就控制了人类;谁掌握了货币发行权,谁就掌握了世界。"这是他对粮食和农业经济的深刻认识和战略思考,也代表了美国政府的想法。

农产品贸易还直接影响了国际关系和经济发展。美国长期和中国进行大豆等农产品贸易的世界贸易组织(WTO)谈判,占领了中国市场,让中国从一个大豆出口国变成了世界最大的大豆进口国;美国还和中国、韩国等进行牛肉进出口谈判。韩国政府想向中国出口泡菜,2012年以来不断要求中方放宽有关泡菜的卫生标准,2014年7月韩国总统朴槿惠和中国国家主席习近平举行首脑会谈,商定将泡菜等食品列入优先合作领域。由此可见,农业经营学的战略地位越来越重要了。

因此，我们提出如下建议。

第一，加强农业经营学的发展。在农业、经贸等相关大专院校和科研院所，要加强农业经营学科的发展，培养一批精通农业生产、管理和经营的全方位人才，在我国农村基层到地区到省级和国家政府部门进行农业经营管理。

第二，建立农业经营的专门机构。向美国农业部的先进管理经营模式学习，建立由农业部统管的企业，参与农产品的产供销一条龙服务和经营，并负责开拓海外市场。将农业生产、管理、储藏、加工、国内市场营销、进出口贸易集中到一个大部制的政府经济部门来管理和营销，这样可以高效掌握和利用农业产前、前中和产后及国内外贸易的数据，进行科学指导和统一战略布局，减少条块分割的矛盾，解决产供销链条不完善和不高效的问题。

第三，建立农产品信息分析预警系统。美国农业部已经建立了一套较为完善的农产品信息分析预警体系，专门成立了世界农业展望局。美国利用强大的信息分析预警"机器"掌控世界农产品贸易的主动权。中国科学院预测科学研究中心以陈锡康研究员为首的"全国粮食产量预测"研究组，30多年来对我国粮食生产进行了精准预测，为国家粮食储备政策等的制定提供了可靠的依据。但中国农业机构还未形成对我国农业产前、产中和产后的高效信息分析和预警体系，对国内农产品市场不能够及时有效调控，对世界农业贸易的掌握更是不够，所以我们在保障粮食自给外，对世界农业贸易没有多大影响，多是受制于人。

第四，建立更多的农产品交易国际平台。荷兰建立了世界上最大的花卉交易市场和平台，花卉成为荷兰农业的支柱产业。美国是世界玉米生产、消费和贸易第一大国，以美国芝加哥期货交易所（CBOT）为代表的美国玉米期货市场同现货市场有效接轨，其形成的玉米期货价格成为世界玉米市场价格的"风向标"。我国是世界第一大小麦生产大国，我国在小麦生产第一大省——河南省的郑州市建立了国家粮食交易中心，其包括有小麦期货市场交易，对全球小麦贸易有一定的控制和影响。我国在玉米主产区——东北地区的辽宁省大连市建立了玉米期货交易市场，在丹东市挂牌成立了中国唯一的国家级玉米现货交易中心，但对世界玉米贸易没有产生重要影响。为了加快我国农产品的国内外贸易，我们建议中国应该建立更多的农产品国际期货和现货交易平台和市场，让中国丰富的农产品不要积压而畅销国内外，获取更多的经济效益，改变中国"三农"面貌，促进中国由农业大国变成农业强国。

总之，面对中国农业现代发展的困难与挑战，我们不但要能够强力生产，更重要的是要学会精通经营农产品。历史的发展证明，粮油生产是中国繁荣昌盛的擎天柱，要保持主粮和饲料及油料平衡生产，缺一不可。中国有很大的粮食生产潜力，这已经被中国近30年的粮食生产发展所证明。中国可以把玉米由第三大作物发展成为第一大作物，我们有理由相信中国有能力把失去的大豆市场夺回来！我们也注意到2016年4月12日农业部发布《关于促进大豆生产发展的指导意见》，提出力争到 2020 年大豆面积达到 1.4 亿亩。只要调整政策对头，再通过我国进一步加强农业经营科学的发展及建立农产品产供销一条龙的营销机构，我们相信中国将成为世界农业强国，除了对世界粮食安全做出应有的贡献外，还会为世界农业经济发展做出重要贡献。

（部分内容见，张正斌，应重点发展产供销一条龙的农业经营部门，中国科学报，2016-05-18，第 5 版 农业周刊）

第二部分　黄淮南片粮仓发展战略与实践

11 安徽省粮食安全及现代农业发展战略

安徽省从一个灾害频发的穷省,经过 60 多年的艰苦奋斗,目前具有 350 亿 kg 的粮食生产能力,是新中国成立初期 63.9 亿 kg 的 5.5 倍,已经成为我国五大粮食调出大省之一,粮食总产到 2020 年有望达到 400 亿 kg,在我国农业区域发展和粮食安全保障中占有重要地位。但安徽省农田水利建设薄弱、多数地区靠雨养农业,中低产田面积占耕地面积的 60%左右;农业机械化发展缓慢,农业管理粗放,单产普遍较低;远远没有发挥其自然资源禀赋的生产潜力,是我国未来中低产田重点改造的地区。本部分提出安徽省粮食安全和现代农业的发展战略是:在绿色提质增产增效的总体方针指导下,在区域治理方面,重点改造淮北砂姜黑土中低产田,扩大建设淮河流域吨粮县市;在区域发展模式方面,主抓沿江淮(水稻、小麦)和淮北平原(小麦、玉米)粮食生产及深加工主体功能区农业现代化建设,拓展江淮丘陵发展经济林果业和特色养殖业,加快发展皖南及皖西大别山区绿色生态产业;在农业基础建设方面,突出农田水利工程建设,加快投资大中型农业机械化普及,创建绿色提质增效防灾减灾体系;在种植业结构调整方面,继续坚持水稻提升、小麦高产、玉米振兴,兼顾油料作物(油菜、大豆)调节;在作物品种优化布局方面,淮南地区减籼稻扩粳稻、稳定油菜,沿淮和淮北地区减弱冬小麦、扩半冬性优质小麦,改中晚熟玉米为中早熟籽粒脱水快优质品种。创建出具有安徽省特色、水热资源高效利用(800~1000mm 降水)、投入少、快速改造大面积中低产田、绿色优质高效的农产品产业链,是保障粮食安全的现代农业发展之路。

11.1 安徽省具有很大的粮食生产能力,在我国农业中占有重要战略地位

安徽省地处我国南北过渡带,生态环境多样,历史上曾经是一个经常遭受长江、黄河和淮河泛滥影响,受灾严重的灾区。1949 年粮食总产仅 63.9 亿 kg,到 1978 年粮食总产达到 148.25 亿 kg,比新中国成立之初翻了一番。2008 年全省粮食产量达到创历史的 302.35 亿 kg[1],比改革开放前又翻了一番。2014 年安徽省粮

食总产量 341.5 亿 kg，位居全国第 6 位，是新中国成立初期的 5.4 倍，实现 11 年连续丰收[2]；全年粮食总产增幅 4.2%，居全国第二；在全国 13 个粮食主产省中，安徽全年粮食总产增幅稳居榜首[3]。

2015 年安徽省夏粮实现连续 12 年增产。夏粮播种面积 247.94 万 hm^2，比 2014 年增长 0.2%，其中小麦面积 245.7 万 hm^2，增长 0.9%。夏粮总产 1414.7 万 t，比 2014 年增产 14.7 万 t，增长 1.1%；单位面积产量 85 590kg/hm^2，增产 3.2kg，增长 0.9%[4]。据农业部门统计，2015 年安徽省秋粮种植面积 397.3 万 hm^2，比上年扩大 4.4 万 hm^2，预计秋粮总产超过 195 亿 kg，增产超过 6 亿 kg[5]，全年预计粮食总产接近 350 亿 kg。

安徽作为全国 13 个粮食主产区之一，常年粮食播种面积占农作物总播种面积的 73%，达 650 万 hm^2 左右，安徽省商品粮生产常年在 1000 万 t 左右，是目前我国能够持续输出 500 万 t 以上商品粮的 5 个省份之一[6, 7]，2013 年销往省外粮食 1144 万 t，居全国第 4 位[8]，与河南省一起构成了我国的"中部粮仓"。

11.2 安徽省加快粮食生产发展的重要举措

安徽省粮食总产快速提升的成功经验，值得黄淮海地区有关省份学习和借鉴。

加强水利及高产农田建设是粮食生产发展的根本保障。由于自然灾害频繁，历史上安徽省粮食生产波动明显。近 20 多年来，安徽省加强了长江和淮河流域防洪、除涝、灌溉骨干工程体系建设，推进农业综合开发、优质粮食产业工程、土地整理等农业基本建设项目，建成了一批高产稳产、旱涝保收的高标准农田，其占耕地面积的 62%，农业抗御灾害的能力增强[1]。

加强现代农业科技推广是粮食生产发展的内在动力。20 世纪 60 年代矮秆水稻选育成功，80 年代杂交水稻和玉米大面积推广，90 年代水稻旱育稀植、小麦机条播应用、施肥水平提高、农业机械发展、高效低毒农药和除草剂等的广泛应用，都带动了粮食产量实现飞跃。近 10 年来，陆续启动实施了小麦高产攻关（2005 年秋种起实施）、水稻产业提升行动（2006 年实施）、玉米振兴计划（2008 年实施）粮食生产三大行动，大力推进粮食高产创建活动，探索出一条依靠科技、提高单产、增粮增效的成功道路，创造了安徽省粮食生产历史上最好的发展时期。

加快种植业结构不断优化是提质增效的关键。1985 年优质稻米生产首先起步，1990 年优质小麦开始示范，到 2008 年，全省主要粮食作物的优质率达到 73.6%。近年来加快了中早熟玉米品种引进和示范推广，玉米种植面积已稳稳地维持在 80 万 hm^2 之上[6]。2014 年，粮食作物种植面积 662.89 万 hm^2，比上年扩大 3600hm^2，其中优质专用小麦面积 214.2 万 hm^2，扩大 3.52 万 hm^2[9]。

加强示范带动是粮食生产发展的有效手段。一是抓大县全面推进高产创建。

选择56个产粮大县开展高产创建，促进大面积丰收。整合农田水利、农业综合开发、现代农业发展等专项项目资金，支持皖北3市7县开展小麦、玉米500kg县创建和高产高效666.67hm²吨粮田示范县创建活动。到2012年涡阳县、临泉县已迈入全国小麦、玉米单产500kg县行列。二是抓大片推进标准化生产。按照"五有"（明显的示范标志、完整的技术方案、行政和技术负责人、配套扶持措施、示范观摩活动计划）和"五统一"（技术规程、品种、配方施肥、病虫防治、订单销售）的要求，建立了100万hm²小麦、100万hm²水稻和40万hm²玉米核心示范区，建立粮食高产创建666.67hm²示范片246个，辐射带动周边大面积生产夺高产。三是抓大户推进规模化经营。对6.67hm²以上的种粮大户，增加种粮补贴，农机购置补贴向种粮大户倾斜，每年组织评选种粮大户和种粮大户标兵，组织农业专家和农技人员对口联系指导种粮大户，带动周边农户科学种田[10]。

建设农业服务化体系是粮食生产发展的基本措施。建立了苗情、墒情、病虫情监测与发布制度，发展专业化服务队、农民专业合作社等新型服务组织，促进了统一供种、农资供应、技术指导、病虫害防治和机收等社会化服务，为粮食生产稳定发展提供有力保障[10]。

加强减灾防灾是保障粮食安全的重要环节。针对近年来接连发生的严重洪涝灾害、罕见雨雪冰冻灾害、特大干旱等极端异常气候，安徽省建立了应急响应机制，及时落实抗灾救灾资金，切实加强生产指导和服务，最大限度地减轻了灾害损失[10]。在病虫害防控上，着力抓好稻瘟病、稻纵卷叶螟、稻飞虱等，小麦赤霉病、玉米螟、黏虫等重大病虫害的预测预报，积极开展统防统治，降低病虫危害损失。通过扩大半冬性品种比例和控制春性品种早播，避免和减轻小麦春季冻害；通过调整播期、更换品种和灌水调温等技术措施，减轻高温天气对水稻结实率的影响。

行政领导主管主抓是推动粮食生产发展的组织保障。1994年实行"粮食省长负责制"，从2005年到2015年，连续10年把粮食生产三大行动紧抓不放，不断优化调整技术方案。每年以省政府名义通报表彰粮食生产先进市县，以社会主义新农村建设工作领导小组名义表彰先进个人，以省农委、省财政厅、省农机局名义联合表彰粮食生产大户、农机大户标兵和粮食生产大户，为促进粮食生产稳定发展提供了坚强保障[11]。

多种经营延伸产业链。自1988年安徽省委、省政府做出"一个稳定增长（粮食生产），两个加快发展（乡镇企业、开发性农业）"的决定以来，农业逐步打破了单一粮食生产结构，走上了农林牧渔和乡镇企业全面发展的路子，全省形成沿淮淮北粮棉油肉综合开发区、江淮丘陵优质粮油高效经济作物综合开发区、沿江大水面开发区和皖南皖西林特产品开发区等四大开发区域，黄牛饲养加工，水果生产加工，优质米生产加工，茶叶、竹木、经果林、水产养殖，茧丝绸、土特产品，中药材，旅游农业等十大主导产业，开发性农业呈规模化和产业化趋势，广大农户与企业在家庭承包经营的基础上，走"公司+农户"的产业化经营路子[12]。

长期抓粮丰工程，促进粮食持续增产。自2005年国家开展粮食丰产工程以来，安徽省研发的杂交水稻机插栽培关键技术、砂姜黑土培肥与小麦持续增长关键技术、淮北地区旱作茬小麦超高产关键技术等一系列农业科研成果推动安徽省小麦、水稻和玉米的种植技术水平不断提高，特别是水稻、小麦和玉米超高产攻关田屡创高产纪录，不断缩小与国内粮食生产优势省份的差距，推动了本区域粮食生产的持续发展[13]。

加大惠农力度，调动种粮积极性。2013年全省累计落实农作物良种补贴资金超过13亿元，以5000万元资金支持小麦主产县实施拔节肥追施和小麦抢收补贴，落实中央财政资金22 570万元，支持小麦"一喷三防"等抗灾减灾关键措施[8]。

11.3 安徽省粮食生产展望与绿色增产模式行动

加强淮河流域粮食主体功能建设。目前安徽省粮食生产的主要区域和中低产田（主要在淮北）改造的主要任务在淮河流域，建设淮河流域粮食生产主体功能区，对安徽省提高粮食生产能力有支撑作用。《安徽省增产110亿kg粮食生产能力建设规划》指出，在2007年全省粮食总产290亿kg的基础上，到2015年，粮食生产能力新增60亿kg，达到350亿kg；到2020年，粮食生产能力新增110亿kg，达到400亿kg[14]。

加快黄淮第二粮仓建设。2013年张正斌建议加快由小麦-大豆低产低效种植方式改为小麦-玉米吨粮田高产高效模式，进一步推动淮北粮仓建设[15]，通过2～5年的努力，在黄淮南片地区推广示范绿色增产提质增效模式，建设黄淮南片粮仓[16]，得到国家有关部门的高度重视。2014年科技部张来武副部长在安徽调研时提出"在黄淮海等地区建设第二粮仓科技示范工程，充分发挥中低产田粮食增产潜力"[17]。2014年年底中国科学院立项"第二粮仓"预研项目，投入经费1000万元，在涡阳县和农灾农场实施"淮北科技增粮县域技术集成与示范"项目[18]。通过国家和地方政府的联合攻关，在淮北（213.8万hm^{2}耕地，占安徽省耕地面积的47.8%）加快绿色提质增产增效吨粮县市建设，可以新增25亿kg粮食。

安徽省粮食绿色增产模式攻关示范行动。农业部2015年发布了《关于大力开展粮食绿色增产模式攻关的意见》一号文件，明确提出黄淮海地区（包括河南、安徽、江苏、山东4省）333.3万hm^{2}砂姜黑土改良提升行动，力争到2020年，该区域基础地力提高一个等级，化肥和灌溉水利用率提高10个百分点，粮食单产提高15%以上[19]。安徽省率先在全国各省中提出了粮食绿色增产模式攻关示范行动，力争到2020年，全省粮食单产平均每年提高1%；主要农作物的化肥和农药利用率提高6个百分点，实现使用量零增长；农田灌溉用水有效利用系数提高到0.54；小麦生产实现全程机械化，水稻和玉米耕种收综合机械化水平达到90%以上[20]。

11.4 影响安徽省农业可持续发展和保障粮食安全的不利因素

农业耕地快速减少，耕地保护（数量和质量）形势严峻。尽管近几年安徽省耕地在严厉占补平衡政策下有所扩增，但增量极少，目前全省人均占有耕地仅 0.07hm²，仅相当于全国的 72%，沿江、皖南、皖西地区大部分县（区）人均占有耕地低于联合国粮食及农业组织确定的 0.05hm² 警戒线。同时农业耕地质量也在下降，肥力不足、土壤退化、水土流失等因素影响了全省耕地资源质量，极大地阻碍了粮食生产发展[20]。

农田水利建设明显还是短板。安徽省水资源总量不足全国平均水平的一半，一般中等干旱年份全省缺水就达 60 多亿 m³ [21]。安徽省发生干旱年份几乎是三年两遇。尤其是淮北和江淮分水岭地区，水资源短缺现象更加严重。2013 年安徽省粮食比 2014 年减少 0.3%，占全年粮食产量 60%的秋粮生产遭受严重高温干旱导致减产，说明安徽省水利建设明显不足，影响了抗旱及保障粮食安全[22]。农业生产"靠天收"状况没有彻底改变。现有涵闸、机井等农田水利工程大都兴建于 20 世纪六七十年代，很多年久失修不能使用，有效灌溉面积仅占耕地面积的一半左右。近 10 年来，安徽省水稻种植"双改单"问题不断加剧，原因多样，但毋庸讳言的是，水利条件恶化不能满足水稻生长要求也是不争的事实[20]。

农业现代化装备水平有待提高。现阶段安徽省耕种收综合机械化水平为 59.4%，粮食作物机械化水平为 76.4%，经济作物机械化水平也有一定提高，纵看发展速度不低，横看与先进地区的差距还较大，还远远不能满足广大农民生产需求。

科技服务体系较为滞后，支撑能力有待增强。全省农业科技成果转化率不足 40%，远低于先进地区水平。突出表现在：一是自主创新能力不强；二是农业技术推广体系不健全，自育大面积主栽作物品种少，水稻、小麦和玉米三大粮食作物品种靠从外省引进，经常引起水土不服、抗病性或抗逆性不良等问题，如超级稻 2014 年在安徽万亩减产[23]；三是农业科技人才总量不足，直接服务"三农"的实用型专家还不能满足需要。

抗灾能力不足。安徽是三年一旱，四年一涝，旱多于涝，涝重于旱，重灾年份成灾率高达 50%，一般年份也达到 17%。如果安徽省每年的成灾率降低一半，其粮食平均单产在原来基础上可以提高 17kg/亩左右，总产量将增加近 15 亿 kg。近年来，江淮地区如江苏、安徽等省份小麦经常遭受严重的赤霉病危害，2012 年损失最大。2014 年江淮地区小麦拔节期遭受倒春寒霜冻，成熟期遭受暴雨，造成该区域江苏、安徽、河南等地小麦籽粒发育不全、赤霉病和穗发芽普遍发生，减产严重，为国家粮食收购带来很大困难[24]。

土地流转困难，粮食种植规模化、集约化水平仍然较低。2014 年安徽省流转耕地 139 万 hm²，约占全省耕地总面积的 33.36%[25]。

资金补贴量小、环节多。有良种补贴、良种良法配套补贴、种粮大户补贴、农资综合补贴等多种补贴,但按单位耕地面积计算并不多,对促进农民增粮增收效果不显著。从农民申报、村级汇总公示、乡镇核实、县级抽查,到打卡发放,环节多,人员投入多,行政成本高,占用了县乡农业和财政部门大量的精力。有的地方还出现贪污腐败现象。

粮食生产成本高,比较效益低。"种粮大县、财政穷县"的状况未有根本改变;从农民的角度来看,由于农机投入、劳力成本上涨等,种粮不如外出打工、种经济作物收益多。农民种粮积极性不高,对耕地投入不足,复种指数下降,甚至出现耕地抛荒现象。

中低产田面积大,吨粮县市建设缓慢。安徽省中低产田面积大,占耕地面积的60%左右,吨粮县市建设明显落后。例如,山东省桓台县1990年就成为全国长江以北地区第一个"吨粮县"。山东省政府2013年提出,到2017年全省高标准粮食高产创建田152万hm^2,小麦、玉米两季合计亩产达到1100kg以上。德州等5个市建成吨粮市,聊城等5个市基本达到吨粮市标准;商河等40个粮食主产县(市、区)建成吨粮县,济阳等38个粮食主产县(市、区)基本达到吨粮县标准[26]。河南的4个吨粮县市都在黄河以北,河南计划2020年实现650亿kg粮食生产能力,在95个县的0.06亿hm^{2}耕地内,建成400万hm^{2}超吨粮的高标准粮田[27]。江苏省2015年经认定的"吨粮县"增至21个[28]。安徽省淮北的蒙城县成为2013年安徽省的第一个吨粮县,2014年利辛县成为第二个吨粮县,2015年涡阳县达到了吨粮县[29],也使这三个县的所在市——亳州市成为安徽省第一个吨粮市。因此,处于南北交界的安徽和黄淮南片地区吨粮县市很少,其气候资源高产潜力还未发挥。

11.5 促进安徽省农业可持续发展和保障粮食安全的对策

安徽省要按照中国共产党十八届五中全会强调的精神,牢固树立并切实贯彻创新、协调、绿色、开放、共享的发展理念[30],在"十三五"期间加快粮食安全和现代农业健康发展。

建立国家和省地多种形式产区利益补偿机制,调动地方政府主动抓粮的积极性。要针对当前出现的"农业大省(县)、工业小省(县)、财政穷省(县)"的尴尬局面,建议国家把商品粮外调销售补偿金作为专项转移支付基金给输出粮食的主产区地方政府;同时,率先在粮食主产区推行耕地保护补偿机制试点,并将粮食主产县纳入国家生态补偿试点的范围[31]。

进一步完善粮食补贴制度,调动农民的种粮积极性。一是把粮食直补和良种补贴资金发放给种粮农户而不是承包田主;二是实行与种粮规模和粮食产量挂钩的直补方式,将现行按计税面积补贴改为按种植面积、单产水平和商品量给予补贴,使粮食补贴向粮食主产区和种粮大户倾斜,促进粮食生产的规模化和集约化;三是完善农资补贴方式,采取对农民购买化肥、农药等进行直接补贴的办法;四是国家采取宏观调控措施,根据国内外市场需求和价格,给粮食提供差价补贴,与粮食挂钩直接补贴给农户[32]。

加大对粮食主产区农业基础设施建设投入力度,增强农业发展后劲。建议国家对产粮大省(县)给予重点投资,集聚农业综合开发、优质粮食产业工程、国家大型商品粮基地等项目建设合力,重点推进淠史杭、驷马山等灌区续建配套,着力解决江淮分水岭易旱地区缺水问题;完成大中型水库除险加固,积极推进一般堤防加固、行蓄洪区调整和平原洼地排涝三项治淮工程;建设长江河势控制工程,推进主要支流治理;建立小型农田水利建设专项补助资金,完善田间灌排设施,有计划地控水、蓄水、调水和综合利用水资源,提高水资源的利用效率和效益,保持水资源生态平衡,增强农业抗御自然灾害的能力[31,32]。

构建新型农业经营体系,提高粮食生产的规模化水平。大力发展农机、植保、配方施肥等专业服务队等,把订单生产作为优质粮食产业化的突破口,大力推行"企业+基地+农户""企业+中介组织+农户"等经营模式,把产前、产中、产后等各环节连接成一体,提升粮食生产组织化水平,提高粮食生产效益[31,32]。

积极推进农业科技进步。继续加大粮丰工程、高产创建和粮食"三大行动"资金投入,支持高产技术示范区建设,发挥样板带动作用;巩固"三情"(苗情、墒情、病虫草情)监测点,实行"四定"(定地点、定时间、定专家、定期会商)办法,及时发布监测信息和田管措施建议;加强科研与推广的紧密衔接,进一步探索专家大院、科技特派员和农技人员服务新型农业经营主体等各项措施,把良种良法对接到田[31]。

严守耕地保护红线,确保基本农田不减少。科学制定农村中长期发展规划,城镇建设、农民建房等要充分利用荒山荒坡;将土地整治新增耕地纳入涉农补贴范围,提高农民参与土地整治的积极性[32]。

加快推进粮食生产全程机械化。要促进农机农艺融合,大力提升粮食生产全程机械化水平,应用减灾避灾机具与技术措施。计划到2017年,全省农业机械总动力达到7000万kW,大中型拖拉机保有量达到20万台,联合收割机保有量达到17万台,水稻栽植机械保有量达到4万台,农机具配套比达到1∶2.5[33]。

11.6 创建安徽省现代农业发展的新路子

安徽在主要粮食主产区中资源禀赋系数值位列第一,高于其他5个省份(江苏、河南、河北、山东、湖北),说明安徽生产粮食的资源条件优异,具有较强的资源竞争力[34]。通过对安徽省主体功能区规划[35]和历史发展的分析,我们建议安徽省各地应根据自己的区位优势,向山东学习大力发展设施高效现代农业,走出口农业的路子；向河南学习大力发展农业机械化跨区收获作业和大型粮食深加工业（包括养殖业），走中国厨房的路子；向河北省学习发展节水高效现代农业和农林牧副渔协同发展，为京津冀提供高质量农副产品的路子；向江苏省学习重视科技创新、工农业协同发展的路子。安徽省要实现中原崛起，针对上海、南京、武汉、济南等周边大城市不同工农业需求，创出一条淮河流域现代农业发展的新路子。

参 考 文 献

[1] 安徽省农委农业局. 安徽省粮食生产 60 年回顾 [EB/OL]. http://www.ah.xinhuanet.com/zhuanti/2010-02/03/ content_18952091.htm [2010-02-03]

[2] 钱晶. 2014 年安徽省粮食总产量 341.5 亿公斤位居全国第 6[EB/OL]. http://ah.anhuinews.com/system/2015/01/20/ 006660767.shtml [2015-01-20]

[3] 苏晓琼. 安徽 2014 年粮食总产增幅 4.2%居全国第二[EB/OL]. http://news.hefei.cc/2015/0113/024843846. shtml [2015-01-13]

[4] 冯辉. 农业生产稳定夏粮再获丰收 [EB/OL]. http://www.ahtjj.gov.cn/tjj/web/list.jsp [2015-07-28]

[5] 安徽省农业委员会. 安徽省秋粮种植面积397.3 万 hm^2，总产预计超 195 亿 kg[EB/OL]. http://www.ahny.gov.cn/xxgk/detail.asp?id=7921 [2015-09-21]

[6] 新华网. 缺粮的中国：过半省份难以自给 [EB/OL]. http://news.xinhuanet.com/finance/2013-07/02/c_124941398. htm [2013-07-02]

[7] 何爱霞, 苏姝冰. 安徽省耕地数量与粮食生产安全分析及预测[J]. 宿州学院学报, 2014, (4): 1-3

[8] 中国粮油信息网. 安徽玉米种植开启"绿色模式" [EB/OL]. http://www.chinagrain.cn/yumi/2015/7/1/20157113403936263. shtml [2015-07-11]

[9] 杨杨. 安徽大力推进粮食生产把饭碗牢牢端在自己手上[EB/OL]. http://ah.anhuinews.com/system/2014/01/26/006291118. shtml [2014-01-26]

[10] 安徽省统计局. 安徽省 2014 年国民经济和社会发展统计公报[EB/OL]. http://www.ahtjj.gov.cn/tjj/web/info_view.jsp?strId=1425024120629028&_indextow=1 [2015-02-26]

[11] 余欣荣. 强力推进三大行动促进粮食稳定增产[J]. 安徽农学通报, 2012, (1): 1-2

[12] 安徽省农委产业化处. 安徽省农业产业化经营发展 60 年回顾 [EB/OL]. http://www.caein.com/index.asp? NewsID=51448&xAction=xReadNews [2010-02-05]

[13] 喻寒松. 安徽开展粮丰工程促进粮食增产 [EB/OL]. http://www.hljxh.net/zgnx/web/news/?74590.html [2015-10-22]

[14] 中华人民共和国财政部网. 安徽省大力支持粮食生产主体功能区建设规划提高粮食增产能力 [EB/OL]. http://www.mof.gov.cn/pub/caizhengbuzhzhan/xinwenlianbo/anhuicaizhengxinxilianbo/200812/t20081202_ 93622.html [2008-12-02]

[15] 张正斌. 应加快淮北粮仓建设[N]. 中国科学报, 2013-06-10, 第 8 版

[16] 张正斌. 应加快黄淮南片粮仓建设[N]. 中国科学报, 2014-04-11, 第 4 版

[17] 思实. 科技部来皖调研依靠科技保障粮食安全工作[EB/OL]. http://ah.anhuinews.com/system/2014/06/23/006465554.shtml [2014-06-23]
[18] 孙策. 安徽"第二粮仓"预研项目启动[N]. 中国科学报, 2015-01-15, 第7版
[19] 农业部. 关于大力开展粮食绿色增产模式攻关的意见 [EB/OL]. http://www.law-lib.com/law/law_view.asp?id=486018 [2015-02-04]
[20] 安徽省人民政府办公厅. 关于大力开展粮食绿色增产模式攻关示范行动的意见[EB/OL]. http://www.agri.cn/V20/ZX/qgxxlb_1/ah/201507/t20150724_4760255.htm [2015-07-24]
[21] 安徽省人民政府. "十一五"安徽粮食生产形势分析[N] 安徽日报, 2011-04-19, 第1版
[22] 戴贤超, 梁巍. 秋粮生产遇旱灾, 今年安徽粮食全年减产 0.95 亿 kg[N]. 安徽商报, 2013-12-05, 第1版
[23] 张璐. 农业部解释超级稻为何减产 [EB/OL]. http://society.people.com.cn/n/2015/0415/c136657-26845032.html [2015-04-15]
[24] 光明网. 安徽启动省级小麦临时收储解决农民卖粮难 [EB/OL]. http://pic.gmw.cn/channelplay/6200/3260171/0/1.html [2015-07-28]
[25] 史力. 安徽省耕地流转面积超三成, 现代农业发展加快[EB/OL]. http://ah.anhuinews.com/system/2014/05/15/006431805.shtml [2014-05-15]
[26] 张海峰. 山东粮食喜获"十一连丰" 4 年内建成 5 个吨粮市[EB/OL]. http://sd.dzwww.com/sdnews/201310/t20131022_9041564.htm [2014-05-15]
[27] 乔地. 河南将建一批"吨半粮乡""吨粮县" [EB/OL]. http://finance.china.com.cn/roll/20130322/1344074.shtml [2014-05-15]
[28] 邹建丰. 江苏省经认定的"亩产吨粮县"增至 21 个[EB/OL]. http://news.eastday.com/eastday/13news/auto/news/csj/u7ai3947224_K4.html [2015-05-14]
[29] 李涛, 马晓侠. 涡阳县实现"吨粮县"建设目标[EB/OL]. http://www.bozhou.cn/2015/0930/527051.shtml [2015-05-14]
[30] 学习中国. 习近平与"十三五"五大发展理念[EB/OL]. http://news.ifeng.com/a/20151101/46068411_0.shtml [2015-11-01]
[31] 孔令聪. 粮食安全战略下安徽粮食生产对策[N]. 安徽日报, 2014-05-05, 第3版
[32] 安徽省人大工作研究会. 安徽当前粮食生产形势调研与分析[N]. 安徽日报, 2014-07-21, 第1版
[33] 中国行业研究网. 安徽加快推进粮食生产全程机械化[EB/OL]. http://www.chinairn.com/news/20131231/16511067.html [2013-12-23]
[34] 李鑫. 安徽省粮食生产现状及竞争力分析[J]. 安徽农业科学, 2014, (4): 1220-1222
[35] 安徽省人民政府. 关于印发安徽省主体功能区规划的通知 [EB/OL]. http://www.ah.gov.cn/UserData/DocHtml/1/2013/12/26/5120801642263.html [2013-12-26]

[张正斌, 段子渊, 徐萍, 刘坤, 李贵, 安徽省粮食安全和现代农业发展战略, 中国生态农业学报, 2016, 24 (9): 1161-1168]

12 淮北粮仓现代农业发展战略

淮北平原是黄淮南片地区砂姜黑土面积最大、雨（800～1000mm）热相对丰沛、小麦-大豆（玉米）一年两熟的重要商品粮生产基地。旱涝、病虫害灾害频发，地下水资源丰富，但抗旱节水灌溉农田水利建设明显不足，是我国南北过渡带半湿润偏湿润区的旱作农业区，其生产潜力远远没有发挥，可新增粮食50亿t。淮北粮仓现代农业发展战略，一是加快种植业结构调整，改小麦-大豆传统低产低效种植模式为小麦-玉米现代高产高效种植模式；二是扩大经济作物专业规模种植，发展设施农业，加快果业、蔬菜、中草药、花卉等特色产业的发展，带动群众增产增收；三是发展规模养殖业和食品加工业，延伸产业链，将淮北平原地区建成绿色生态高值的国家商品粮基地和现代农业综合开发利用基地；四是通过国家和地方重点投资，加快现代节水灌溉农业的大发展，利用当地丰富的地下水，改旱作农业区为补充灌溉地区；五是加快农业机械化发展，大力促进秸秆粉碎还田，培肥地力，改良砂姜黑土中低产田；六是加快淮北高速铁路和公路及航空网络的建设，为农副产品运销国内外市场提供便利条件；七是加快淮北古文明旅游和现代红色旅游文化建设，带动信息化、城镇化、现代化等协同共进发展。

12.1 淮北平原是黄淮流域砂姜黑土面积最大的中低产田区

淮北平原地处淮河以北和黄淮海平原南侧，主要包括安徽省的淮北市、宿州市、亳州市、蚌埠市、淮南市、滁州市和阜阳市。其土地总面积3.74万km^2，农业人口1526.3万，耕地面积3206.5万亩，占全省耕地面积的47.8%，人均占有耕地2.1亩，是安徽省面积最大、人口最多的一个农业区，其总人口约占安徽省的一半，但工业基础薄弱，社会经济发展相对落后[1]。

淮北平原是一个低洼易涝区，历史上曾经多次遭受黄河和淮河泛滥危害，其土壤类型是土壤质地过黏，结构不良和胀缩系数大，旱了坚硬而保水性差，涝了发黏而透水性差，适耕时间短的砂姜黑土，是黄淮流域面积最大的中低产田区。其农业现状是农田基本建设差，土地是大平小不平，排洪渠修得多，但农田抗旱灌溉设施薄弱，农业生产管理粗放，大水漫灌；农业机械化不发达，秸秆粉碎普及率较低，近年来经常发生大面积连片秸秆焚烧，导致周围的高速公路、机场的交通事故多发等社会问题及环境污染严重等问题。生态条件不良，水灾（明涝与暗渍）和旱灾（春旱、秋旱和冬旱）危害频繁，涝灾多于旱灾。随着气候变化，小麦赤霉病、白粉病，玉米锈病、黏虫、玉米螟等病虫害大发生，个别年份和部分地区减产严重。

黄淮地区是中国第二大（夏）大豆产区，和东北（春）大豆相比，其蛋白质含量高，是国内豆制品加工原料基地。10年前黄淮地区的大豆种植面积在2000万亩以上，年产大豆300万t左右。其中，安徽大豆种植面积最大近1000万亩。到2015年秋季，黄淮地区大豆种植面积不超过1000万亩，比5年前缩小了一半，其产量也减少了一半[2]。大豆面积明显萎缩有多种原因，其中，大豆因气候变化异常和病虫害普遍增加，经常出现只长茎叶不长豆荚和籽粒的现象，减产严重是主因；另外，国外大豆到岸价格低于国内价格，导致大豆种植面积快速萎缩。淮北是传统的小麦-大豆主产区，前茬小麦耗水肥多，后茬大豆有固氮和改良土壤的作用，一般不施肥或者施用少量化肥（尿素）；加上没有长期秸秆还田，土壤营养失调，有机质含量低，缺磷少氮，缺锌、硼、钼等微量元素[1]；土壤肥力不足，特别是近年来随着需氮肥较多、高产作物玉米的快速种植，大多数农田玉米植株明显是秆细、株矮、棒小、粒瘪，玉米高产潜力还有待进一步挖掘。

虽然淮北平原地处我国南北过渡带，降水量为800~1000mm，水热资源相对充沛，是半湿润偏湿润雨养旱作农业地区类型，但其高产农田特别是吨粮田建设一直比较缓慢，安徽省2010年选择涡阳、利辛、太和、界首、埇桥、怀远6个县（市、区）进行试点工作[3]。蒙城县2013年率先成为安徽省第一个吨粮县[4]，2014年利辛县成为第二个吨粮县[5]，2015年涡阳县也成为吨粮县[6]，从而使这三个县的管辖市——亳州市成为安徽省第一个吨粮市。2015年亳州市吨粮田面积达到了500万亩，虽然比预期的400万亩[7]多了100万亩，但只占淮北平原耕地面积（3206.5万亩）的1/6.4，占安徽省耕地面积8860.6万亩的1/17.7。安徽省吨粮县市建设与周围的河南省、山东省、江苏省等相差很大，江苏省2015年经认定的吨粮县增至21个[8]。因此，处于我国南北交界的淮北平原地区高产潜力还未发挥。

砂姜黑土在黄淮南片地区包括淮北、苏北、鲁西南和豫东南有大约5000万亩[9]，是黄淮南片中低产田区，也是各省偏远落后地区，是工农业、科技投资少，社会发展落后的粮食主产区。淮北平原占砂姜黑土面积的60%以上，是黄淮南片中低产田治理重点地区。

12.2 淮北平原自然灾害频繁但农业潜力很大，有待进一步挖掘

淮北平原属北亚热带与暖温带的过渡地带，气候资源兼有南北方之利，也兼

有南北方之弊，气象灾害多发，夏秋旱涝发生概率大、危害重，夏收时的"烂场雨"，以及干热风和晚霜冻害也常有发生，造成产量低而不稳。如2015年春季小麦返青拔节期就遇到霜冻，导致本来就因为冬季气候变暖，小麦生长发育相对提早而到孕穗期的小麦受到冻害，穗子结实率下降10%～20%；6月初成熟期又遇到暴雨，导致倒伏和穗发芽在黄淮流域部分地区（安徽、河南、山东、江苏）严重发生，籽粒不完整比例达到了30%～50%，给国家粮食收购部门造成很大的困难，农民粮食卖不出去，经济损失很大[10]。

淮北平原虽然降水资源较为丰富，其中70%以上集中在夏季，但多以暴雨形式出现，造成降水利用效率不高，易形成局地内涝。年降水变率亦大，平均23%以上，丰雨年与枯水年降水差异可达900mm以上，属易涝易旱地区。

对淮北平原代表站宿州市气候变化研究表明：①55年间（1955～2010年），淮北平原冬季气温明显升高，大于等于0℃的积温明显增多，但冬季日照时数减少，年际冬季降水量波动增大，气象干旱是冬季小麦生产中的主要气象灾害；②冬季增暖后，致使冬小麦处于缓慢生长状态，但是冬小麦完成春化阶段的最适宜和适宜的低温天数呈"一少一多"变化态势，以及暖冬促进小麦生育进程相应提前的事实，增加了小麦顺利完成春化阶段和后期遭受春霜冻害的风险；小麦育种和引种宜选择春化阶段温度指标范围较宽的品种[11]。

淮北平原中低产田地区具有很大的生产潜力，主要如下所述。

1）区域地势平坦，土体深厚，砂姜层位低，耕地面积大且分布集中连片，有利于发展机械化耕作，具有综合开发利用的规模优势。

2）热量条件较好，降水量也较多（800～1000mm），有利于发展一年两熟制。因为黄淮南片温热降水资源明显好于黄淮北片地区，黄淮南片小麦比黄淮北片早熟5～10天，玉米可以延长生育期7～14天，按照每亩每天增加15斤计算，每亩可以增产100～200斤，玉米高产潜力还有待进一步挖掘。但淮北地区秋季多雨，对玉米收获不利。因此，建议选种耐密植、抗倒伏、适应性强、中早熟、后期籽粒自动脱水快、有利于机械化收获（棒子脱皮或籽粒）、高产潜力大的玉米新品种。

3）淮北平原区地下水资源丰富，多年平均地下水天然补给资源量71.0242亿m^3/年，地下水可开采资源量57.8824亿m^3/年。近十余年，淮北平原地下水年开采量在20亿m^3左右，占地下水资源量的比例不足30%，尚有很大潜力。该地区以全省（716亿m^3）约20%的水资源量，支撑全省约50%的耕地和约43%人口的用水需求[12]。

4）中低产土壤面积大（占80%以上），宜于发展多种粮食作物（小麦、玉米、水稻、大豆等）和经济作物（花生、大蒜、芝麻、棉花等）及地道药材，增产增收潜力大。淮北砂姜黑土地区是优质小麦主产区之一，通过秸秆还田，培肥地力，这是变砂姜黑土不利（适耕期短）为有利（优质）的突破口。

5）综合治理投资少，但见效快，经济效益高。因为土地相对平整，800~1000mm 的降水量可以满足小麦-玉米吨粮田的需求，在干旱季节，靠现代节水灌溉设施，利用丰富的地下水进行少量补灌，即可获得高产高效。淮北农田高产高效实现的限制因子首先是大面积的小麦-大豆（亩产200斤，每斤2.5元）传统低产低效模式种植制度，目前仍然占淮北地区的 50%以上，只要通过改为小麦-玉米（亩产千斤，每斤1元）高产高效现代农业种植模式，就可以在短时间内获得吨粮田[13, 14]；再进一步通过加大农田水利灌溉建设、秸秆还田培肥地力、农业机械化跨区收割等，可在淮北平原更大面积上实现高产吨粮田和高效现代农业的规模发展。

6）虽然目前铁路、公路和航空交通建设相对落后，但区位优势相对较好，靠近我国一些开放城市（上海等），要加快高速铁路和公路及航空运输的建设，将大量优质农副产品就近运销，带动农业工业化，增产增收。

12.3 淮北粮仓建设的重点在欠发达皖北地区的突破

皖北地区是安徽省内，也是淮北平原主要的连片欠发达地区。主要包括淮北、亳州、宿州、蚌埠、阜阳、淮南六市和沿淮的定远、凤阳、明光、寿县、霍邱 5 县市，面积 5.3 万 km^2。皖北是黄淮平原和安徽经济的洼地，皖北占安徽省人口的 50%左右，经济总量却只占 30%左右。

2013 年安徽省主体功能区规划提出将 30 544.37km^2，占全省土地总面积 21.8%的淮北平原作为国家农产品主产区，在淮北平原区 6 市 17 个县重点建设优质小麦、棉花、玉米、大豆生产基地和畜禽产品养殖基地[15]。

加快皖北地区发展，是安徽省的长期任务，2014 年安徽省人民政府办公厅出台了关于建设皖北"四化"协调发展先行区的意见，围绕推动信息化和工业化深度融合、工业化和城镇化良性互动、城镇化和农业现代化相互协调，促进"四化"同步发展，努力走出一条不以牺牲农业和粮食、生态和环境为代价的"四化"协调发展路子，把皖北地区建设成为推动安徽崛起的重要增长极。其发展目标如下：到 2017 年，生产总值比 2012 年翻一番以上，人均生产总值与全国、全省平均水平的差距进一步缩小，耕地面积保持在 2070 万亩，粮食综合生产能力达到 225 亿 kg 以上，工业化率达到 48%以上，城镇化率达到 47%以上，互联网宽带接入用户数达到 800 万户，生态环境明显改善，可持续发展能力显著增强，基本公共服务水平明显提高，人民生活水平显著提升，"四化"发展协调性明显增强，初步形成发展活力彰显、崛起态势强劲的经济区域[16]。

提出了一项农业现代化工程：要深入实施新增粮食生产能力规划，持续推进粮食生产（水稻提升，小麦高产，玉米振兴）三大行动，以粮食生产大县为重点，打造淮北沿淮小麦和玉米核心产区、沿淮水稻核心产区、淮北大豆核心产区，加强农业基础设施建设，推进高标准农田建设，提高农业机械化和农业装备水平，建设全国重要的粮食生产基地。推进农业结构战略性调整，大力发展优质畜产品、优质水产品和特色蔬果生产，加快发展农产品加工业，建设全国重要的优质农产品生产、加工和供应基地，高水平建设一批现代农业和农业产业化示范区，建设一批良种繁育基地。完善农村经营体制，加快构建新型农村经营体系，大力培育新型农业生产经营主体和服务主体。力争到2020年，粮食综合生产能力达到250亿kg以上，农产品加工产值达到5000亿元以上，成为全国新型农业现代化示范区。

为了改变淮北粮食生产大县、财政穷县，粮食生产积极性不高的尴尬局面，要加快淮北粮食生产基地向粮食深加工高附加值基地的转型，要吸引大型农产品深加工企业到粮食主产区落户，扶持农业产业园和特色园区的建设，提升农产品就地深加工和增值转化能力，将粮食主产区的粮食、棉花、油料、畜禽、蔬果、中药材等资源优势转化为产业优势。尽快规划建立皖北粮食交易中心。以粮食贸易为龙头，带动农产品加工产业的积聚发展和社会化服务，提升"名、特、专、精"产品的品牌化和规模化水平，逐步把皖北打造成集粮食生产、深加工、仓储、商贸为一体的农产品基地。

虽然皖北底子薄、基础弱、人均水平低的区情仍没有根本改变，但当前皖北地区正处于"四化"同步快速推进阶段，发展潜力和空间巨大，完全有条件成为安徽省转型发展的新支撑[17]。

12.4 皖北崛起的机遇与挑战

12.4.1 皖北地区继续被边缘化的风险加大

皖北地区的工业化、城镇化和农业现代化（三化）发展缓慢，这是多方面因素造成的，由于地处黄淮腹地，矿产资源、著名的旅游景点等较少，以农业为主，没有得到国家和地方的重视和投资。虽然国家将安徽省特别是皖北地区定位为交通枢纽，但由于综合运输体系建设滞后，交通基础设施欠账较多，枢纽地位的作用远远没有发挥出来。铁路网络没有形成，有些百万人口的大县如涡阳甚至没有高速铁路和高速公路。皖北地区经济落后，没有能力进行地方配套，导致公路建设缓慢、维护更加困难。目前皖北六市有一座阜阳机场，还有亳州和蚌埠机场在规划之中。交通不便和现代化建设落后，导致皖北各地还处于一种分割状态，很难形成整体竞争能力。由于皖北地区人居环境较差，导致留不住人才，留不住产业，继续被边缘化的风险加大[18]。

12.4.2 大力发展旅游观光产业，促进现代农业发展

皖北地区文化底蕴深厚，要将皖北特色的文化产业作为"三化"发展之外的"四化"加以重视。蒙城和涡阳等地是老子和庄子及道家文化的发源地，与山东的孔府、陕西的黄帝陵等中华古文明旅游基地建设来比，皖北地区的古代文明旅游景点建设还相当落后；还有亳州的曹操公园，灵璧县形成的以钟馗文化、奇石文化、楚汉文化等"三元文化"为核心的特色文化[16]。另外，要挖掘该区的现代红色旅游资源。例如，发生在淮北地区的淮海战役是三大战役中解放军牺牲最大，歼敌数量最多，政治影响最大、战争样式最复杂的战役。淮北市濉溪县、宿州市萧县有淮海战役双堆集烈士陵园及淮海战役总前委旧址。宣城市泾县有皖南事变烈士陵园及新四军军部旧址纪念馆，涡阳县有新四军四师司令部旧址等，这些难得的红色旅游基地还有待进一步建设发展。要运用市场的手段，打造一批重大文化产业项目，以旅游产业带动现代农业和城镇化等的快速发展。

亳州是我国的药都之一，应打造一个与现代制药和健康养生有关的特色产业链，走保健品、药膳、中药品之类的高端路线，形成几千亿的产业。皖北地区农产品资源丰富，已形成各具特色、有一定优势的相关产业，如亳州的中药、淮北的食品、宿州的鞋业服装、阜阳的规模养殖等。皖北地区要立足特色和优势，做大做强产业链，将皖北打造成为华东乃至全国重要的安全优质食品基地。

12.4.3 创出皖北特色的农业现代化之路

淮南、淮北、蚌埠等市要依托相对较强的工业基础，走工业化带动城镇化、农业现代化协调发展的道路；阜阳、亳州、宿州等市要走通过适度超前的城镇化带动工业化、农业现代化协调发展的道路；一些人口数量大的农业大县，如蒙城、涡阳等可能要通过农业现代化带动工业化和城镇化协调发展。例如，涡阳县的陈大原乡城邦由农业示范园、休闲观光园、工业园、高品质滨水新城4部分组成，走出了一条特色的农业现代化之路[18]。

12.5 提升皖北发展的战略地位

皖北在安徽省经济发展中占有重要地位。全省新增财政收入的近 30%、新增粮食和肉类产量的 50%，以及 60%左右的棉花、80%以上的牛肉、药材和水果的产量来自这一地区；其原煤、平板玻璃、呢绒等工业品产量占全省的 90%以上，发电量、白酒占 70%左右，卷烟占 50%左右。皖北地区传统优势过去主

要集中在煤炭资源、农业资源、劳动力资源三个方面，但在新经济常态下，这些传统资源优势正在加速弱化，而区位交通优势和文化资源优势又在加速上升。

要争取用 10 年左右的时间，将所有耕地均建成旱涝保收的良田，夯实农业发展基础。未来 2~3 年内，涡阳、利辛、太和、界首、埇桥、怀远等 6 个区县将被打造成高产高效万亩吨粮田示范县，皖北地区将成为我省最大的"粮仓"[19]。

按照国际标准的食品工业产值与农业总产值之比来衡量，世界平均水平在 1∶1 左右，发达国家是 3∶1，全国平均为 0.28∶1，而皖北地区仅 0.17∶1 左右。若将皖北地区这一比值提高到全国平均水平，可使其食品工业产值增加 5~8 倍。

围绕农业优势特色产业发展，加大招商引资力度，积极扶持产业关联度大、市场竞争力强、辐射带动面广的农业产业化龙头企业，大力支持中型农产品加工企业扩张，扶持有成长潜力的小企业，加速培育以农业物联网为代表的互联网农业的发展，不断推进皖北地区农业现代化进程[19]。

12.6 中国科学院战略布局绿色科技打造黄淮南片第二粮仓

在 20 世纪 80 年代，中国科学院就通过科技支撑盐碱地改造，开启了"黄淮海会战"。"十二五"期间，中国科学院农业科技面向国家粮食安全的战略需求，启动了知识创新重大项目"耕地保育与持续高效现代农业试点工程"，该项目瞄准的主要就是中低产田改造，保护 18 亿亩耕地和提升地力。在中国科学院党组的统一部署下，中国科学院的农业科技力量瞄准农业产业的主战场，在继续做好科技支撑东北平原、华北平原和黄淮海平原第一粮仓的基础上，积蓄准备科技力量，支撑改造位于黄淮南片的中低产田第二粮仓。

2013 年，在中国科学院院长白春礼的直接推动下，中国科学院、科技部等部门和相关省市联手启动了"渤海粮仓科技示范工程"项目。该项目针对环渤海低平原 4000 万亩中低产田和 1000 万亩盐碱荒地进行改造。2014 年白春礼院长对于加快黄淮南片第二粮仓进行了批示，2015 年中国科学院与安徽省联合启动了淮北粮仓预研 STS 计划项目[20]。

2011 年，结合中国科学院实施的创新 2020 计划及中国科学院"3+5"区域创新集群的战略布局，成立了黄淮海现代农业创新集群领导小组，就初步形成的黄淮海绿色现代农业创新技术集群建设方案进行研讨，确立如下计划目标：在黄淮南片中低产区挖掘粮食增产潜力，实现粮食增产 150 亿~200 亿 kg；项目计划用 10 年时间，在黄淮南片中低产区逐步实现三大目标：提高中低产田产量和作物生产能力、实现农产品绿色生产和资源高效循环利用。并在河南省启动了"地力提升"重点任务。

2012 年 9 月中国科学院规划战略局和院地合作局召开了"区域创新集群重点

任务论证会",进一步明确黄淮海集群两个重点任务项目(安徽和河南),并启动了"地力提升"重点任务。

2013年张正斌研究员撰文《应加快淮北粮仓建设》,2014年建议《改造中低产田加快黄海南片粮仓建设》,被《人民日报》内参采用,发到省军级,引起了中国科学院、科技部、国家发改委领导的重视。

2014年6月科技部副部长张来武来皖调研科技支撑粮食生产并指出,在黄淮海等地区建设第二粮仓科技示范工程,充分发挥中低产田粮食增产潜力[21]。2014年下半年,中国科学院科技促进发展局明确了第二粮仓建设目标,与安徽省政府和科研院所达成共识。2015年1月中国科学院投入经费1000万元,启动了中国科学院科技服务网络计划(STS计划)"淮北科技增粮县域技术集成与示范"项目,为"第二粮仓"计划全面实施进行预研。项目由中国科学院合肥物质科学研究院牵头,中国科学院及地方多家科研院所和企业参加。

12.7 绿色科技助力吨粮县打造淮北粮仓

"第二粮仓"预研项目分别以涡阳县和龙亢农场为县域现代农业和集约化经营模式示范实施载体,围绕淮北障碍性土壤砂姜黑土和水资源利用效率低这两个突出问题,进行了砂姜黑土改良、水资源有效利用技术与应急灌溉和水肥一体微喷灌技术产品示范推广;培育了抗逆适机收玉米品种、抗(耐)赤霉病小麦、耐储藏水稻品种、适合秸秆还田的脆秆水稻品种;推广控失复合肥、控失尿素、化肥增效剂等系列环保化肥产品和高效省工施肥技术;推广高效减施农药技术产品;研发示范了喷药机器人等智能农业装备;以涡阳楚店镇为核心,建立核心示范区1万亩,辐射带动5万亩,在绿色生产、提质增产增效方面起到了示范带头作用。在龙亢农场建立了全国物联网平台展示窗口,建立了"我的农场"、供销市场、庄稼医院、大田物联网系统,研发了害虫自动检测、水质监测等技术及产品。

涡阳县是安徽省第二农业大县,有耕地面积200多万亩,2010年午季小麦率先实现了安徽省千斤县,但玉米种植面积多年来一直徘徊不前,2013年有40多万亩,2014年不到70万亩,不到全县耕地面积的1/3,在很大程度上是该县成为吨粮县、亳州市成为吨粮市、安徽省在皖北建立吨粮县市整体目标早日实现的明显短板。

项目原计划涡阳县2016年实现吨粮田县,通过各方面的不懈努力,特别是加快玉米高产高效种植,涡阳县提前一年实现吨粮县。2015年10月由安徽农业大学、安徽省农科院等省市专家组成的玉米专家验收组对涡阳县的秋季玉米生产进行抽样测产验收玉米亩产达524.2kg,加上全县午季小麦平均单产达517.3kg,涡阳县2015年小麦、玉米两季合计平均亩产达1041.5kg,成功实现"吨粮县"建设目标[22]。中国科学院遗传发育生物学研究所陈化榜研究员育成的'科育 186'玉米品种技术集成测产结果亩产可达 800kg 以上，因该品种后期籽粒自动脱水快，比当地玉米品种早熟 7～10 天，可以适应机械化籽粒收获，为淮北秋季多雨涝地区玉米高产高效发展创出了一条新路。

在取得阶段进展后，中国科学院将继续重点支持淮北"第二粮仓"项目，并组织有关中低产田改造科技支撑粮食安全项目，争取得到国家"十三五"支持。将引导淮北粮仓示范区重产更重质和增效，加快传统农业向现代农业的转型，将绿色理念融入农业生产的全过程。要进一步加强优质绿色农产品基地建设，突显淮北绿色优质粮食生产基地的重要作用。加快优质小麦和优质大豆的地理标志优质农产品的申请，加快后期自动脱水快、优质、适合机收玉米品种的推广，加强经济作物的种植和养殖业的发展，优化农业生产结构，加快粮食加工业等产业链的发展，成为绿色现代淮北乃至黄淮南片粮仓的典型。

参 考 文 献

[1] 百度. 淮北平原[EB/OL]. http://baike.baidu.com/link?url=j_YMPQeP7Vw1gIR9g1XVcAM6SwPcGCbg00h7aSTulwfPW1qEnA-uo8uY4xVZYOQhEmS9DqqSb3C6Y-VO8raBna [2015-06-08]

[2] 豆腐博士. 黄淮地区大豆的种植状况[EB/OL]. http://blog.sina.com.cn/s/blog_4ab1b64f0102vlt7.html [2015-06-30]

[3] 马姝瑞. 安徽将用 2-3 年时间创建一批万亩吨粮田示范县[EB/OL]. http://www.gov.cn/jrzg/2010-05/11/ content_1603811. htm [2010-05-11]

[4] 单芳胜, 郑云生, 张友忠. 蒙城县"吨粮县"创建工作的内容及措施[J]. 现代农业科技, 2014, 7: 89-90

[5] 利辛县发展和改革委员. 2014 年利辛县发展和改革委员会年报[EB/OL]. http://cache.baiducontent.com/c?m= 9d78d513d9d430ad4f99e4697b14c0171a4381132ba6a40209de8449e3732a325016e4ac5656 [2015-01-15]

[6] 李涛, 马晓侠. 涡阳县实现"吨粮县"建设目标[EB/OL]. http://www.bozhou.cn/2015/0930/527051.shtml [2015-09-30]

[7] 杨文刚. 亳州市将用三年时间建成"吨粮市"[EB/OL]. http://www.anhui.cc/news/20130129/810625.shtml [2013-01-29]

[8] 邹建丰. 江苏省经认定的"亩产吨粮县"增至 21 个[EB/OL]. http://news.eastday.com/eastday/13news/auto/ news/csj/u7ai3947224_K4.html [2015-05-14]

[9] 王天中, 赵清友, 李令英. 砂姜黑土的成土过程及其分类[J]. 土壤通报, 1981, 6: 38-40

[10] 念霜. 不完善粒超标小麦陷入"卖难"？[EB/OL] http://www.chinagrain.cn/xiaomai/2015/7/29/20157299463218612. shtml[2015-07-29]

[11] 李德, 杨太明, 张学贤, 等. 1955-2010 年淮北平原冬季农业气候变化基本特征与影响初探[J]. 中国农学通报, 2012, 28 (17): 301-309

[12] 赵晖, 陈小凤. 淮北平原地下水资源开发利用及保护研究[J]. 水利水电快报, 2010, 31(2):

20-23

[13] 张正斌. 应加快淮北粮仓建设[N]. 中国科学报, 2013-06-10, 第 8 版, 智库

[14] 张正斌. 应加快黄淮南片粮仓建设[N]. 中国科学报, 2014-04-11, 第 7 版, 智库

[15] 安徽省人民政府. 关于印发安徽省主体功能区规划的通知 [EB/OL]. http://www.ah.gov.cn/UserData/ DocHtml/1/2013/12/26/5120801642263.html [2013-12-26]

[16] 安徽省人民政府办公厅. 关于建设皖北"四化"协调发展先行区的意见[EB/OL]. http://www.ah.gov.cn/ UserData/DocHtml/1/2014/1/10/9496381442675.html [2014-01-10]

[17] 郑言. 快皖北地区发展推进会召开[N]. 安徽日报, 2014-11-22, 第 1 版

[18] 安徽省政府发展研究中课题组. 皖北地区"三化"发展现状、存在的问题及政策建议[EB/OL]. http://www. dss.gov.cn/News_wenzhang.asp?ArticleID=332856 [2013-07-03]

[19] 吕连生. 新常态下皖北地区如何发挥后发优势[N]. 安徽日报, 2015-09-07, 第 7 版

[20] 胡璇子. 涡阳——科技打造淮北粮仓新样本[N]. 中国科学报, 2015-08-05, 第 5 版

[21] 思实. 科技部来皖调研依靠科技保障粮食安全工作[EB/OL]. http://ah.anhuinews.com/system/2014/06/23/ 006465554.shtml [2014-06-23]

[22] 李涛, 马晓侠. 涡阳"吨粮县"通过专家验收[EB/OL]. http://ah.people.com.cn/n/2015/1019/c358350-26846282.html[2015-10-19]

13 应尽快启动黄淮南片第二粮仓重大科技专项

我国粮食主产区的高产田是保障国家粮食安全的第一粮仓,而分布较广的众多中低产田第二粮仓对粮食安全起着"稳压器"的作用。

自2015年以来,我国针对玉米生产过剩进行种植业结构调整。分析我国自然资源禀赋与粮食生产格局、生产能力和环境压力、粮食进口形势等因素,结合中国科学院在安徽实施的"淮北县域科技增粮示范"项目的阶段性进展,我们建议及早启动黄淮南片第二粮仓科技工程项目,将黄淮南片建设成为保障我国粮食安全、绿色、高产、高效的长久基地。

13.1 我国粮食安全紧平衡的基本面长期存在

2015年我国出现玉米生产过剩后,以压缩玉米为主的种植业结构调整成为我国当前农业的主要任务。农业部出台了《全国种植业结构调整规划(2016~2020年)》,全国各地都在进行种植业结构供给侧改革,特别是部分省份把玉米调减作为一大政治任务,不再正面提出和支持发展吨粮田(县、市)、吨半粮田,粮食作物高产创建等。对此,应有正确认识。

13.1.1 当前我国粮食自给率在不断下降

虽然每年有6亿t的粮食生产能力,但每年还需要进口1亿t粮食、饲料和油料等,才能满足国内13亿人口每年7亿t粮食的需求量。

13.1.2 我国自然灾害频繁发生

我国是一个季风变化剧烈、自然灾害频繁的国家,南北方水热土和粮食生产能力极不平衡。我国粮食生产在20世纪80年代由符合自然水热土资源分布规律的"南粮北运",转变成自然水热土资源不匹配,靠大量施用化肥、农药和灌溉等要素,挖掘干旱缺水的北方的生产能力来满足需求的"北粮南运"。这造成北方粮食主产区生态环境压力日益增大、生产成本急剧提升、不可持续的发展局面。

13.1.3　调整种植业结构要因地制宜，保障粮食主产区生产能力

《全国种植业结构调整规划（2016～2020年）》提出，加强粮食主产区建设，建立粮食生产功能区和重要农产品生产保护区，巩固提升粮食产能。坚持突出重点，做到有保有压。根据资源禀赋及区域差异，做到保压有序、取舍有度。优化区域布局，发挥比较优势，巩固提升优势区，适当调减非优势区。说明在国家三大平原粮食主产区还要坚持主要粮食作物的生产和保障，而不是大幅压缩玉米生产，有条件的地方还要继续坚持吨粮县市创建，才能建成更大的稳产高产的国家主体粮仓。

13.2　黄淮海粮仓的战略定位需要进一步加强

黄淮海地区在全国经济发展格局中具有十分重要的战略地位。该区土地面积占全国总土地面积的6.3%，耕地面积占全国的38%，粮食总产量占全国的25.1%左右，是我国小麦主产区和第二大玉米种植区，对我国小麦和玉米饲料等的安全保障有着重要的战略地位。黄淮海平原的饲料玉米品质比东北优良，含水量少，向南方运输距离短、费用少，在保障我国粮食及农产品的主要供应中发挥着重要作用。

相对于我国南方地区，黄淮海地区洪涝灾害少，比华北地区的干旱程度轻，水热资源相对充沛，是我国难得的一年两熟稳产高产优质生产区，有实现吨粮田的基础。目前黄淮海地区的粮食生产潜力还未充分发挥，其战略定位在我国未来发展中应该得到进一步加强。

13.3　黄淮南片自然资源优势及开发潜力巨大

黄淮海地区以黄河为界可分为黄淮南片（黄河以南淮河以北）和黄淮北片（黄河以北海河以南）。黄淮南片水热资源及农业生产潜力比黄淮北片相对更好。黄淮南片地区年降水800～1000mm，属于半湿润偏涝地区，有近5000万亩砂姜黑土低洼易涝的中低产田，包括皖北、苏北、鲁西南、豫东南地区，农业生产潜力还有待进一步挖掘。黄淮北片地区年降水500～800mm，是半湿润偏旱地区，耕地质量好，但长期超采地下水，是我国最大的地下水漏斗区，国家投资167亿元进行压缩超采地下水，恢复生态平衡，因此农业生产潜力有限。

从黄淮南片省份吨粮县的发展可以看出，黄淮南片第二粮仓的生产潜力是巨大的。山东省桓台县1990年就在全国第一个实现了长江以北的吨粮县。水热条件

相对更好的江苏省2015年经认定的"亩产吨粮"县（市、区）已达21个。而水热条件比河南和山东好的安徽省只有一个包括三县一区的吨粮市——亳州市。这些都充分说明黄淮南片的第二粮仓相对于黄淮北片有很大的粮食生产优势及开发潜力。

13.4　中国科学院科技增粮项目在安徽淮北取得重要进展

　　2015年中国科学院部署支持在安徽省第二粮食大县涡阳县实施"淮北县域科技增粮试验示范"，实施了砂姜黑土改良、水资源有效利用与应急灌溉、水肥一体微喷灌技术和产品示范，抗逆适机收玉米品种培育、抗（耐）赤霉病小麦、耐储藏水稻品种、脆秆水稻品种（适合秸秆还田）培育；肥料增效剂、控失复合肥、控失尿素、高效减施农药等系列环保产品和高效施肥施药技术示范，研发了喷药机器人等智能农业装备。在龙亢农场建立了全国物联网平台。该项目与科技部推动实施的粮丰工程，农业部部署的高产创建，以及安徽省小麦高产、水稻提升和玉米振兴等科技计划紧密结合、优势互补，在皖北的现代农业发展中起到重要的推动作用。特别是加快玉米高产高效种植加速了涡阳县实现吨粮田的步伐。

　　2015年推广吨粮田60多万亩，2016年实现吨粮县，比原计划提前一年，也加快了亳州市成为安徽省第一个吨粮市的进程。

　　2016年7月11日，山东省宣布将打造一批"吨粮市""吨粮县"和"吨半粮乡"，到2020年全省建成集中连片、旱涝保收高标准农田5982万亩，区域亩均粮食综合生产能力提高100kg以上，建成粮食高产创建示范方3000万亩以上。为此，山东省将加快培育一批突破性粮食作物新品种，积极推进小麦玉米科技创新示范工程实施，培育小麦玉米超高产新品种。这些项目的实施，为水热土资源相对丰富的黄淮南片地区进一步发展吨粮田奠定了良好基础。

13.5　建议及早启动黄淮南片第二粮仓科技工程项目

　　根据对黄淮南片自然资源优势与发展不足的分析、黄淮南片部分省区吨粮县市建设取得的成果及进一步的决策和行动，能够明显看出该区粮食生产的巨大潜力和对国家粮食安全保障的重要作用。

　　建议国家有关部门尽早启动第二粮仓科技工程，尤其对自然水热资源不是限制因素的黄淮南片区域，进一步改造砂姜黑土中低产田，培育适宜抗性品种，加快农田水利和高标准农田建设，以及现代农业各要素及机械化的普及，坚持吨粮田（县、市）发展。

在黄淮南片（包括皖北、苏北、鲁西南、豫东南）近 5000 万亩砂姜黑土的中低产田上，主要通过科技要素的投入新增 100 亿～150 亿斤粮食年产量，为其他经济作物腾换出更多种植面积，同时推动黄淮海现代农业的发展，为我国粮食安全保障做出更大贡献。

（部分内容见，张正斌，段子渊，应尽快启动黄淮南片第二粮仓重大科技专项，中国科学报，2016-08-17，第 5 版 农业周刊）

14 黄淮南片粮仓现代农业发展战略

皖北、苏北、鲁西南和豫东南4省交界地区，有以淮北平原为主的砂姜黑土、黄泛区为主的风沙盐碱地等易旱易涝中低产田面积400万 hm² 以上，虽然黄淮南片处于南北过渡带，温热、降水等自然资源条件较好，但因地理偏远、交通不便，科技文化和社会经济发展相对落后，农业高产潜力还未发挥。加快黄淮南片中低产田改造，建设黄淮南片新粮仓，可以新增粮食50亿 kg，在区域现代农业发展和保障我国粮食安全中具有重要作用。

14.1 黄淮南片粮仓的战略地位日益突出

黄淮海地区的农业发展在全国占有重要地位，是我国第二大粮食生产中心，仅次于东北地区。我国有五大粮食调出大省，其中三个（黑龙江、吉林、内蒙古）在东北地区，两个（河南省、安徽省）在黄淮南片地区。黄淮海地区是我国难得的一年两熟稳产高产优质生产区，该地区耕地面积占全国总耕地面积的38%，粮食总产量约占全国粮食总产量的25%，是我国第一大小麦主产区，第二大玉米种植区，是保障我国小麦、玉米等农产品安全的重要支柱，对保障珠三角、长三角和环渤海三大经济发展区及京津冀等地区的粮食和农产品供应有重要作用，其粮食安全战略定位在我国未来发展中应该得到进一步加强[1]。

黄淮南片是指黄河以南、淮河以北的黄淮海平原南部地区，黄淮南片水热资源及农业生产潜力比气候相对干旱寒冷、地下水超采严重的黄淮北片更优。黄淮南片是我国小麦种植面积最大的区域[2]，占我国0.2亿 hm² 小麦播种面积的1/3。但其中有400万 hm² 砂姜黑土、风沙、盐碱、低洼易涝的中低产田，也就是说，包括皖北、苏北、鲁西南、豫东南的现在称为第二粮仓的地区，农业生产潜力还有待进一步挖掘。

近年来，随着气候变暖和种植业结构的调整，变低产低效的冬小麦-夏大豆种植模式为高产高效的冬小麦-夏玉米种植模式[3]，吨粮县市不断增加。从黄淮南片省份吨粮县的发展可以看出，黄淮南片第二粮仓的生产潜力巨大。山东省桓台县1990年就在全国第一个实现了长江以北的吨粮县；2016年山东省宣布将打造一批"吨粮市""吨粮县"和"吨半粮乡"。2013年，河南省农业厅也曾宣布，河南将建成 400 万 hm² 平均亩产超吨粮的高标准粮田,建一批"吨半粮乡""吨粮县", 2020 年实现 650 亿 kg 粮食生产能力。江苏省 2015 年经认定的"亩产吨粮"县(市、区)已达 21 个。而水热条件优于河南和山东的安徽省,目前只有一个吨粮市——亳州市。这些都充分说明黄淮南片第二粮仓的粮食生产优势,以及为我国粮食安全战略做出巨大贡献的潜力。

据我们初步估算,通过对该区域中低产田的改造,可以实现粮食增产 50 亿 kg 甚至更多的目标[1]。黄淮南片粮仓的战略地位在区域现代农业发展和保证我国粮食安全方面日益突出。建议国家及早启动黄淮南片粮仓重点科技专项。

14.2 黄淮南片粮仓发展的挑战与机遇

黄淮南片粮仓主要包括安徽(皖北)、江苏(苏北)、山东(鲁西南)、河南(豫东南)4 省交界地域,该区是我国农业南北跨界地区,属一年两熟种植区,降水相对丰沛、热量条件较好、地下水资源丰富,农业气候生产条件明显好于黄淮北部平原地区。随着气候变暖,小麦赤霉病成为该区的主要病害,严重地威胁了我国小麦生产和质量安全;同时玉米生育期延长,有利于机械化籽粒收获和小麦-玉米吨粮田发展。

但该区曾是黄泛区、风沙、干旱、洪涝和盐碱地,以淮北平原为代表的砂姜黑土比例大,农田水利系统建设不完善,抵御自然灾害能力不足,是易旱易涝地区,中低产田面积达 400 万 hm² 以上。该区是黄淮海欠发达地区,科技经济发展相对落后,还有不少地方是贫困县区。国家在黄淮南片开展的农业科研项目少,没有形成系统的粮食安全保障技术体系和现代农业发展战略,没有发挥其巨大的农业增产和经济发展的潜力。在全球气候变暖、我国政府重视中低产田改造和高标准农田建设的利好形势下,如果黄淮南片 4 省区能够抓住这些有利时机,创新发展黄淮南片粮仓建设思路,改善农田灌溉、农业机械化等基础设施,调整农业结构,加强一二三产业融合,延伸产业链、提高农产品附加值,搭乘物联网、电子商务等现代信息农业的快车,推进黄淮南片由欠发达地区向较发达地区发展,该区域现代农业和粮食安全的重要战略地位将在我国黄淮海地区得到不断提升。

14.3 皖北现代农业发展对策

皖北地区主要是指安徽省的淮北市、亳州市、宿州市、蚌埠市、阜阳市及淮南市和六安市部分沿淮的县,总面积为 3.9 万 km²。在淮北平原的农业生产区,土地总面积约为 3.74 万 km²,耕地面积为 213.8 万 hm²,占皖北地区的绝大部分,占安徽省全省耕地面积的 47.8%,人均占有耕地 0.14 hm²,是安徽省面积最大和人口最多的粮食集中产区。盛产小麦、玉米和大豆等粮食作物，是国家重要的商品粮生产基地，阜阳、亳州、蒙城均是粮食生产大市（县），部分县连续多年被评为国家商品粮基地县、全国粮食生产百强县，为国家粮食安全做出了重要贡献[4]。该区是我国半湿润雨养旱作农业区，人口稠密，大部分人口外流务工、文化教育素质较低，农业灌溉等基础设施不完善，农业机械化装备水平低，农业科技更新换代慢，农村合作组织发展水平低，经济发展相对滞后，以前主要是冬小麦-夏大豆主产模式，种植结构单一，吨粮田面积小，是我国典型的粮食生产大县和经济贫困县代表地区[5]。

针对淮北地区现代农业发展中存在的主要问题，我们于2013年撰文《应加快淮北粮仓建设》[6]，2014年建议《改造中低产田加快黄淮海南片粮仓建设》，被《人民日报》内参采用，发到省军级，引起了中国科学院、科技部、国家发改委领导的重视。2014年6月，科技部副部长张来武来皖调研科技支撑粮食生产并指出，在黄淮海等地区建设第二粮仓科技示范工程，充分发挥中低产田粮食增产潜力[7]。2014年，中国科学院科技促进发展局明确了第二粮仓建设目标，与安徽省政府和科研院所达成共识。2015年1月，中国科学院投入经费1600万元，启动了中国科学院科技服务网络计划（STS计划）"淮北科技增粮县域技术集成与示范"项目，为"第二粮仓"计划全面实施进行预研。项目由中国科学院合肥物质科学研究院牵头，中国科学院及地方多家科研院所和企业参加。

通过调研和总结，我们提出了淮北粮仓现代农业发展战略是：①加快种植业结构调整，改小麦-大豆传统低产低效种植模式为小麦-玉米现代高产高效种植模式；②扩大经济作物专业规模种植，发展设施农业，加快果业、蔬菜、中草药、花卉等特色产业的发展，带动群众增产增收；③发展规模养殖业和食品加工业，延伸产业链，将淮北平原地区建成绿色生态高值的国家商品粮基地和现代农业综合开发利用基地；④通过国家和地方重点投资，加快现代节水灌溉农业的大发展，利用当地丰富的地下水，改旱作农业区为补充灌溉地区；⑤加快农业机械化发展，大力促进秸秆粉碎还田，培肥地力，改良砂姜黑土中低产田；⑥加快淮北高速铁路和公路及航空网络的建设，为农副产品运销国内外市场提供便利条件；⑦加快淮北古文明旅游和现代红色旅游文化建设，带动信息化、城镇化、现代化等协同共进发展。

经过两年在以农亢农场大型集约现代农业为代表、涡阳县以县域现代农业为代表的两个示范基地实施，通过集成中国科学院优良玉米品种'科育186'，水肥一体化滴灌和大田节水灌溉技术，绿色控失性化肥和农药，深松精量播种施肥一体化机械，激光平地机、谷物烘干机、小麦等作物联合收割机、秸秆粉碎机打捆机，砂姜黑土改良剂等多项绿色提质增产增效技术，使涡阳县在2015年提前一年实现吨粮县，加快了亳州市成为安徽省第一个吨粮市，成为中国科学院和安徽省科技合作的亮点之一[8]。目前试验示范推广区已扩大到阜阳市的太和县、临泉县等地[9]。根据当前农业供给侧改革的需要，主要发展品牌化粮食生产，以经济作物种植、规模特色养殖为主的现代农业多种经营，在稳定粮食生产的同时，加快脱贫致富、美丽乡村建设。

14.4　苏北现代农业发展对策

江苏省苏北5市（徐州、连云港、盐城、淮安、宿迁）地势平坦辽阔，海拔多为50～100m，耕地比例高，气候温暖湿润，光热资源好[10]，有利于农产品优质生产，农业人口较多，人均耕地面积较大，工业污染少，可持续发展能力强。土地面积5.44万km^2，占江苏省的53%，农业增加值约占江苏省的一半，是江苏省农业主产区[11]。2011年苏北5市粮食总产228.5亿kg，占全省粮食总产的69.1%，处于全省的前5位[12]。

面对现代农业日趋激烈的竞争，要求高组织、高科技、高效益，而苏北农业很多方面还离这些要求有一定差距。主要表现在：①农业结构调整未能发挥本地区特色和竞争优势；②主导产业规模化不足，农业主导产业的龙头企业发展不充分，农产品市场竞争力不强；③农田改造、设施栽培、市场建设、信息网络等基础建设相对落后，亟待解决，需专项投入；④科技创新深度和广度不够，企业自主创新能力弱，产学研结合松散，造成农产品精深加工不足；⑤农业技术推广体制要逐步改革，要做好与农业企业服务对接工作，做好新时代农民科技培训工作；⑥缺乏现代农业经营管理的理念和人才，缺乏行业协会的自律和协调，缺乏产品推广的宣传力度，创全国乃至世界品牌的意识差。

苏北地区发展现代农业的对策如下：①要学习借鉴苏南模式在科技经济发展方面的先进经营理念来发展现代农业；②扩大土地规模经营，提升土地经济效益，培育现代农业的新型产业；③要从单一发展农业向多种生态高效高值产业协调推进转变；④加强农业专业化和社会化服务体系建立，提供便捷高效的灾害防治技术；⑤延长农业产业链，增加农业经营的利润来源，拓展农业经营的利润空间，形成规模不断扩大和功能逐渐完备的农业经营体系；⑥重点培育可以改变农业基础设施的农业经营主体，将基础设施改善延伸至农村，改变农业发展的物流技术和经营环境；⑦加快发展"互联网+"产业，加速农业现代化发展的进程；⑧以城镇化推进农业现代化，以工业反哺农业、带动现代农业发展，挖掘农业生产潜力，提升农民生活质量，改变农村发展面貌[13]。

14.5　鲁西南现代农业发展对策

山东省鲁西南地区包括济宁、枣庄两个地级市与菏泽地区，共辖19个县、7

个区和 1 个县级市，总面积 28 400km^2 [14]，地处黄河冲积平原，地势平坦，主要作物为小麦、玉米、棉花、花生等，一年两熟制。该区劳动力资源丰富，现有农村剩余劳动力 100 万余人，在引进外资和劳务输出方面有着独特的优势。同时该区也是山东省中低产田主要分布区，干旱、风沙、盐碱威胁大，农业结构单一，农业科技和经济发展落后[15]。为此，山东省提出了"突破菏泽"战略。是山东省重点发展的京九产业带和陆桥产业带的连接点，也是国家东部地区和西部地区的结合点，区位条件优越，为农业生产要素的优化和农副产品的销售提供了便利[16]。

当前，鲁西南地区农业发展中面临的主要问题有：①劳动力文化科技素质不高；②人均自然资源相对短缺，人均耕地面积低于全国平均水平；③过量施用化肥农药、环境污染严重，土地板结；④耕作粗放，农业投入产出率偏低；⑤种植业结构相对单一，长期以来种植业中以粮棉为主，效益低下，经济作物如大豆、花生、油菜等商品率不高，粮食作物中以小麦为主，重前季小麦生产而轻后季玉米生产；⑥鲁西南区是黄淮海平原棉花主产区，充分利用了棉花的耐盐碱特性，也是中低产田区农业增收的一个重要产业，但近年来棉花种植效益波动很大，效益不高。

针对鲁西南地区的不足和优势，需要在以下几方面加快鲁西南现代农业发展：①加强职业教育发展，提高农业劳动力科技文化素质，使人力资源转化为人力资本；②示范推广秸秆食用菌栽培技术，小麦、玉米秸秆还田和快速腐解高效培土模式，立体种植、间作套种、生态型复合种植和节水农业等技术模式，挖掘农业资源高效利用潜力；③实施农业品牌战略，实现绿色食品生产标准化，提高产品的国际竞争能力[17]；④强化多种经营，推动粮经饲统筹、农林牧渔结合、种养加一体发展；⑤加快资源高效利用方式转变，推进土壤改良修复、农药残留治理、地膜污染防治、畜禽粪便治理、重金属污染修复重大工程，推广"畜沼果"等生态循环农业模式，保障农业可持续发展[18]；⑥鲁西南区的黄牛非常著名，农牧结合具有特色，但还需要进一步做强做大，打造名优黄牛产业品牌；⑦该区还出现了一些如庄寨桐木板加工、郓城徐垓的木材加工等为数不多的私营大户，林木产品加工形成一定市场，但还需要进一步加强科技投入，打造成具有现代化生产水平的名优产品产业链，形成高端家具等产品。

鲁西南地区作为欠发达且人多地少的地区，进行传统的农田耕作难再增加收入，立足农、林、牧等资源优势，加强一二三产业融合，坚持以肉牛等食品加工业为先导，大力发展农副产品加工业是振兴鲁西南地区农业经济发展的一项基本产业政策[19]。近些年来，鲁西南地区在采用多种经营模式，合理利用资源，促进农业可持续发展方面取得了显著的成效，但是和建设社会主义新农村的要求相比仍需进一步加强。要充分发挥各地区的区位优势，因地制宜地发展观光农业、订单农业、绿色农业等特色的一体化现代农业[20]。

14.6 豫东南现代农业发展对策

河南省是我国粮食生产大省,也是我国粮食深加工的厨房。国外农业发达国家,农产品加工业的产值与农业的产值之比是3:1,而我国目前大致是0.5:1,河南整体水平更低一些[21]。所以,要实现河南农业大省向农业强省的过渡,农副产品深加工是潜力较大的领域。

河南省中低产田有413多万hm^2,有1/3集中在黄淮南片的黄泛区[22],即豫东南区;面临农业基础比较薄弱,农业灾害类型多、频率高、范围广等困难,单靠面积增长潜力不大,要持续增产任务艰巨。农作物生产中,河南自然灾害频繁,需切实改善农业生产条件,不断完善机井、水渠、道路等设施建设,夯实粮食持续增产的基础,努力改善靠天吃饭的状况。

豫东南地区是中原的粮仓区域,主要包括地处黄淮平原的周口、驻马店、商丘和信阳4市,人口占河南人口的1/3多,耕地面积占河南省的40%,粮食产量占河南省的近一半,是河南省重要的粮食生产核心区。计划经济时代,黄淮4市曾经是河南的富庶地区。但是,随着计划经济向市场经济的过渡,曾经被认为处于劣势地理环境的地市一跃而起,而地处平原地带的农业地区却成了落后的代表。4市之于河南的地位,相当于河南之于全国的地位。不同的是,2004年,国家提出"中部崛起"战略,短短两年内,包括河南在内的中部6省得到了突飞猛进的发展,而黄淮4市却发展缓慢,在中部崛起下的河南省越陷越深,被称为"豫东南塌陷区"[23],也是我国黄淮海流域粮食生产大市、经济落后大市的典型之一。

近年来,豫东南将现代农业作为支柱产业重点发展,在大力发展以农产品精深加工为主的食品工业基础上,形成了一批特色的农业经济区,如驻马店、周口和商丘等地是优质蛋白与特用玉米基地;周口和商丘亦是优质棉生产基地;商丘亦是沙地瓜果、花生和大蒜等生产基地;周口、驻马店大型商品粮基地已经建成[24]。

豫东南发展现代化农业的重点方向是:①培养一批龙头企业,加快豫东南食品产业密集区建设,促进开封、驻马店等农业主产区食品工业加快发展;②发展现代农业以市场机制为基础的农业生产模式,大力推广"公司+农户"发展模式,带动农民由生产环节进入附加值较高、经济效益较好的加工、流通等环节,让农民从中得到实惠;③实施优质粮食产业工程,建立周口、驻马店、商丘等一批国家大型商品粮基地,改变农业生产靠天吃饭的局面;④培育豫东南区以优质小麦为主的农作物新品种,引进、繁育和推广省外优质品种,建立一批农作物良种繁育基地,促进种业发展;⑤重点建设周口市商水县西部林木优质品种驯化繁育基地等;⑥加快"物联网+"农业的快速发展,提高农业劳动生产效率,促进农业现代化；⑦选择一批农业产业化龙头企业和农民专业合作社进行扶持，在做强龙头企业的同时，辐射带动基地农户标准化生产和产业化经营，迅速推动产业发展层次的整体提升；⑧驻马店、周口等产粮大市在农业综合开发项目上，鼓励向产粮大县、大乡倾斜，向农业设施差、开发潜力大的偏远农区倾斜，向田野开阔且易于治理的连片地区倾斜，通过科学选项、集中投入和打破行政界限，实行规模开发，确保稳产高产的生产能力[25]。

14.7 黄淮南片粮仓现代农业发展战略

根据气候变暖和绿色提质增产增效的现代农业发展态势，基于黄淮南片各地的区域优势与自然资源禀赋，提出以下黄淮南片现代农业发展战略。在种植业方面，第一是培育抗赤霉病小麦品种是当务之急，利用综合防治措施减轻小麦赤霉病的危害；第二是培育耐旱耐涝、脱水快、适合机械化粒收的玉米新品种并加快示范推广；第三是扩大吨粮田建设，确保黄淮南片粮食安全。在区域治理方面，重点改造黄泛区的风沙盐碱地、淮北砂姜黑土等易旱易涝区的中低产田，加强以农田排灌系统基础投入，建设旱涝保收、林网路、渠井电配套的高标准农田。在现代科技装备方面，要加大农机补贴，增加大中型农机的数量，加强深翻深松农机的示范推广，普及全程机械化。在绿色提质增效方面，积极推行化肥农业减施，扩大环境友好型的绿色生物肥料制剂应用，加强秸秆还田和生物农业等循环高效利用。在科技教育方面，要扩大职业教育规模，培养知识农民，专业服务工人，打造社会化服务的专业队伍。在区域经济发展方面，在皖北做强做大粮食品牌化生产，在苏北做大粮食规模化生产，在鲁西南做好农林牧协同高效发展，在豫东南打造中国食品深加工的旗舰。在农业信息化建设方面，加大"互联网+"农业的普及，带动订单农业、外销农业、观光农业等的快速发展。将黄淮南片粮食主产区和经济塌陷区建设成为国家主体粮仓和农业经济新兴区及环境优美的可持续发展区。

参 考 文 献

[1] 张正斌, 段子渊. 应尽快启动黄淮南片第二粮仓重大科技专项[N]. 中国科学报, 2016-08-17, 第4版

[2] 冯家春, 邓贺明. 黄淮南片"十一五"国审小麦品种品质性状分析[J]. 安徽农业科学, 2011, 39 (31): 19070-19072

[3] 张正斌. 应加快黄淮南片粮仓建设[N]. 中国科学报, 2014-04-11, 第4版

[4] 刘普. 皖北粮食生产调查：问题与对策[J]. 粮食问题研究, 2011, 2: 3841

[5] 马怀礼, 王小丽, 迟宏伟, 等. 皖北地区现代农业生产方式发展的制约因素与对策[J]. 安徽农业科学, 2011, 39 (32): 20158-20161

[6] 张正斌. 应加快淮北粮仓建设[N]. 中国科学报, 2013-6-10, 第6版

[7] 思实. 科技部来皖调研依靠科技保障粮食安全工作[EB/OL]. http://ah.anhuinews.com/system/2014/06/23/ 006465554.shtml [2014-06-23]
[8] 中央政府门户网站. 中国科学院与安徽省签署全面创新合作协议[EB/OL]. http://www.gov.cn/xinwen/2016-08/27/content_ 5102911.htm [2016-08-27]
[9] 郭具成. 中国科学院张正斌教授到临泉考察调研农业生产[EB/OL]. http://www.lqxww.com/content/detail/ 57e0831c9caa22f014000000.html [2016-09-22]
[10] 徐海斌, 刘凤淮, 王丽平. 苏北农业发展定位与战略思考[J]. 江苏农业科学, 2006, 4: 33-35
[11] 刘丹. 区域经济发展差距研究——以江苏省为例[D]. 济南：山东大学硕士学位论文, 2010
[12] 周莉, 尚兆班, 顾启花, 等. 苏北地区粮食生产现状及发展对策[J]. 农业科技通讯, 2012, 10: 15-19
[13] 李厚廷. 加快推进苏北农业现代化进程[J]. 唯实, 2015, 10: 78-79
[14] 潘光明. 鲁西南地区城镇体系发展与规划布局初步研究[J]. 经济地理, 1989, 9 (2): 133-137
[15] 肖明. 今年预算内农业投资将超去年, 万亿新项目正筛选[EB/OL]. http://news.sciencenet.cn/htmlnews/ 2014/3/290804.shtm [2014-3-27]
[16] 李瑞英, 任崇勇, 张翠翠, 等. 气候变化背景下鲁西南地区农业气候资源变化特征[J]. 干旱地区农业研究, 2012, 30 (6): 254-260
[17] 仵允锋. 山东省农作制度发展现状及对策研究[D]. 泰安：山东农业大学硕士学位论文, 2007
[18] 郭桂芝. 关于鲁西南地区农业结构调整的几点思考[J]. 经济师, 2001, 12: 117-118
[19] 于洪洲, 范景伟, 吴爱秋, 等. 鲁西南旱地农业生产现状及发展对策[J]. 中国农学通报, 2001, 17 (6): 113-115
[20] 郭桂芝, 吴成显. 对鲁西南地区农业实施可持续发展战略的思考[J]. 理论学习, 2006, 11: 40-41
[21] 李家祥. 河南发展现代农业的两难选择[J]. 信阳农业高等专科学校学报, 2010, 20(2): 53-55
[22] 史俊庭. 改造中低产田是河南增产关键[N]. 中国科学报, 2013-10-31, 第 4 版
[23] 韩天旭, 张强. 走出"豫东南塌陷区", 周口市和省商务厅签订战略合作协议黄淮四市加速"隆起"[EB/OL]. http: //news.sina.com.cn/o/2007-09-21/032712607081s.shtml [2007-09-21]
[24] 季林, 陈四化, 李海涛, 等. 强农业筋骨稳"中国粮仓"——河南省农业综合开发促进粮食增产农民增收纪实[N]. 农民日报, 2011-12-08, 第 1 版
[25] 张占仓, 杨文新. 河南农业发展形势与可持续发展对策[J]. 地域研究与开发, 2001, 20(4): 59-64

15　推进涡阳县小麦-玉米吨粮田县建设

在涡阳县各级政府和群众的努力下，2015年涡阳县小麦生产形势向好的方向不断发展。从2014年小麦播种到现在，处于暖冬，且有部分降雨，涡阳小麦生长状况良好，偏南部的小麦有旺长的迹象，中部和北部小麦生长基本是壮苗，只有个别的是弱苗田，为2015年小麦丰收打下了很好的基础。为了加快实现涡阳县小麦均衡持续高产，在保住小麦千斤县的基础上，要向小麦超高产县的方向努力，同时要在近两年实现小麦-玉米吨粮县的全年增产增收的总体目标，还需要进一步落实和抓住每一个生产环节，不能有任何松懈；同时，还需要倍加努力，以开拓创新的精神实现涡阳吨粮县的总体目标，为淮北粮仓建设树立典范，在黄淮南片进行示范推广，成为黄淮南片粮仓增收的旗舰县。

15.1　加强小麦旺苗和倒伏的防控

从我们多次到安徽考察调研来看，由于暖冬气候，雨水相对丰沛，涡阳小麦生产大部分麦田是壮苗田，涡阳县偏南部少部分田块有旺长的迹象，为了保证今年壮苗田能够坚持到成熟，防治倒伏是第一大任务，建议在旺长趋势的麦田，因地制宜适时喷施加有中国科学院控失剂的矮壮素等防止旺长的药剂，科学防控倒伏，为培育抗倒抗病壮秆大穗合理高产群体打好坚实基础。

15.2　加快弱苗田向壮苗田转变的管理

和黄淮北片冬小麦相比，黄淮南片小麦本身冬春季生育期间温度就高，且降水相对较多，生长发育速度快，分蘖和叶片长势壮且数量多，由于播种期延迟或施肥、灌溉不足等其他原因造成的弱苗田还是有充分机会进行补救和转变，特别是要在春季重点加强灌溉和施肥管理，政府部门要部署有关科技人员，在今年壮苗田多，自然条件良好，不需要大量水肥投入的情况下，重点补贴扶持弱苗田农户，对弱苗田农户专人对口联系，针对不同麦田土壤营养情况，示范推广中国科学院的控失肥，催促群众提早灌溉施肥，尽早实现弱苗向壮苗的转变，实现涡阳小麦均衡持续高产。

15.3 加强小麦一喷三防，严控赤霉病等病虫害大发生

近年来，黄淮南片小麦赤霉病、白粉病、纹枯病等多种病虫害大发，造成10%～50%的产量损失，特别是赤霉病严重发生地区造成60%～80%的产量损失，有的地方甚至绝产。另外，因为赤霉病菌对人畜都有毒，其小麦加工产品食用和饲用安全成为国家管控的重要目标。因此，在病害多发的黄淮南片，小麦丰产的一半取决于小麦苗期的管理，另一半取决于小麦中后期的病虫害防控，特别是对小麦穗部病虫害的严格防控。

在返青拔节期，利用中国科学院农药喷施智能机器人（自走式烟雾机），结合控失型除草剂，高质量高效益地进行小麦除草剂喷施，最大限度地防控小麦杂草滋生。

同时要利用中国科学院物联网及时监控小麦病虫害的发生预测动态，要防患于未然，不能抱侥幸心理，必须在抽穗-开花期间，利用中国科学院智能机器人（自走式烟雾机）和绿色高效的控失型农药等新技术，开展三喷一防全面防控行动。确保小麦苗壮穗大粒多，为小麦高产打好后半截基础。

15.4 加强小麦生育中后期抗旱防涝管理

黄淮南片地区小麦生育中后期容易遇到春旱和夏旱，或者提前遇到夏涝，严重制约着该地区小麦的高产稳产，利用中国科学院农业资源研究中心多年建立的小麦-玉米节水吨粮田模式及小麦-玉米抗旱节水优质高效一体化技术体系，及时对小麦生育中后期的抗旱节水进行科学示范推广。

同时通过中国科学院农业物联网对夏涝预测防控，及时利用中国科学院的药剂控失技术和农药喷施智能机器人等新技术，快速高效大面积喷施化控药剂（如磷酸二氢钾、穗发芽抑制剂等），一方面加快小麦灌浆早熟，另一方面防止小麦穗发芽。同时及时调动小麦联合收割机，加快收获进度，最大限度减少小麦产量损失，实现高效高质量收获。

加快中国科学院物联网技术在粮食仓储防止霉变监测等方面的应用，同时建立作物良种（小麦、玉米、大豆等）质量追溯制体系，严格把控种子质量关，为涡阳县粮食高产打好良种现代化的基础。

15.5 加强小麦优质超高产县创建

已有大量生产试验表明，安徽淮北地区的砂姜黑土是优质小麦主产区之一，

这是淮北地区变砂姜黑土不利（适耕期短）为有利（优质）的突破口。利用中国科学院改土新技术结合秸秆还田改造砂姜黑土的同时，提高小麦等作物的品质和产量。目前涡阳同丰种业推广高产优质的强筋小麦'新麦26'等品种，取得了良好的经济效益和生态效益，值得进一步在苏皖地区加快推广。

目前黄淮麦区出现大面积高产超高产示范田，如2014年6月，河南省黄泛农场创出河南省万亩连片小麦亩产纪录631.66kg；同年，山东齐河县20万亩小麦高产攻关田平均亩产达715.97kg。

相对于黄淮北片玉米茬冬小麦（积温不足，降水偏少）和江淮（长江和淮河）流域稻麦两茬区（播种偏晚，群体不大，生育期短，病虫害严重）来说，淮北地区小麦生产还有很大的高产潜力可以挖掘，如果加强农田水利建设，改旱作农业为灌溉农业，全面实现旱能浇涝能排的高标准农田建设，加快农业机械化的推广，该区的作物生产潜力将会大幅度提高。我们相信，在淮北地区可以创建出更高的黄淮麦区小麦高产纪录。

经过涡阳县政府、科技人员和群众的长期努力，涡阳县2009年率先实现了安徽省小麦千斤县，涡阳县也是全国小麦生产第二大县，如果在2～5年实现小麦超高产县（亩产550～600kg），则在安徽、黄淮南片，甚至在国家小麦生产方面都有非常重要的创新性，对国家小麦乃至粮食安全都有重要的意义。

在安徽农业科技人员的努力下，2014年在涡阳县楚店乡后水坡村万亩高产示范方中的3.14亩测产，实现了全省小麦高产纪录亩产771.8kg。说明安徽淮北地区，甚至黄淮南片广大地区，有实现小麦-玉米吨半粮田（亩产1500kg）的资源基础和技术支撑。

我们建议要在创新集成示范的基础上，重点抓矮秆抗倒抗病高产优质小麦品种示范推广、小麦科学高效施肥和农药防控、小麦抗旱防涝关键技术、小麦机械化生产4个关键环节，尽快形成小麦涡阳县小麦超高产生产技术标准体系，按照小麦超高产田（550～600kg/亩）万亩示范方→超高产村（后水坡村等）→超高产乡镇（楚店镇、陈大镇等）→超高产县的目标，逐步落实推进。抓好典型示范，带动周边省份县区全面快速推广。

15.6 加快淮北粮仓协同创新中心建设

针对涡阳县农科所小麦育种的优势，现其已升级为亳州市农业科学院，建议加快中国科学院、安徽省农业科学院、安徽农业大学、亳州市农业科学院、涡阳县政府及同丰种业的紧密合作，把淮北优质高产抗病抗逆小麦（玉米等）育种和粮食高产创建生产做大做强，在涡阳联合成立淮北粮仓协同创新中心，加快淮北吨粮县市建设，为黄淮南片粮仓建设树立样板。

15.7 加强玉米高产早熟优良品种提前预售和高产高效栽培宣传

涡阳县是小麦-大豆传统栽培区，并没有发挥涡阳县的自然资源优势。相邻的蒙城县经过努力，扩大小麦-玉米种植模式，于 2013 年实现了安徽省第一个吨粮县的突破。

涡阳县政府经过努力，2014 年玉米播种面积达到 80 万亩，但离吨粮县创建（玉米播种面积 120 万亩）还有一定差距。2015 年涡阳政府农业和种子部门要加大玉米高产（自动脱水）早熟优良玉米品种的引进和预售，要加快中国科学院遗传与发育生物学所高产早熟'科育 186'玉米品种的提前调种和预售及示范推广工作。另外要多向群众宣传种植玉米可以实现小麦-玉米吨粮田，高产高效，比种植大豆效益高的发展趋势。

15.8 加强政府补贴玉米播种

如何加快玉米种植面积的扩大是涡阳县实现吨粮县的瓶颈。在淮北秋季雨热丰沛地区，只要常规种植玉米，玉米产量可以普遍达到亩产 400～500kg，甚至更高。以前主要是对矮秆、小穗、密植、自动脱水早熟、高产玉米品种重视不够，推广力度不大，导致该区玉米高产高效潜力没有发挥。在近年来大豆遭遇低温寡照、病虫害严重发生、低产低效的现实发展状况下，涡阳县有关部门要抓住有利时机，学习借鉴蒙城县创建吨粮县的经验，同时要因地制宜地创建一些新的政策和技术方法，给种植玉米的大户进行一定的补贴，或者政府组织种植业合作社，直接给农户提供玉米良种、播种机械等，实现前茬小麦机械化收割，后茬玉米直接硬茬播种，通过直接帮助农民种植玉米等措施，调整产业结构，扩大玉米种植面积，利用部分大豆轮作倒茬，加快涡阳吨粮县的早日实现。

15.9 加强玉米高产示范推广，争取 1～2 年内实现吨粮县

涡阳县有耕地面积近 200 万亩，是安徽省的第二粮食生产大县，虽然经过努力成为安徽省第一个小麦千斤县，但在吨粮田县创建方面却落后于相邻的蒙城县，一方面说明涡阳创建吨粮县没有资源限制因子，另一方面说明涡阳玉米种植面积扩大太慢。在涡阳县水热条件可以满足玉米高产需求的情况下，加快扩大玉米种

植面积是第一大关键措施。因此,涡阳县政府有关部门必须通力合作,在中国科学院县域淮北粮仓建设项目的推进下,在1～2年内实现吨粮县的目标。在黄淮南片地区树立吨粮田提质增产增效的先进典型示范县样板,同时加快安徽,特别是淮北地区农业现代化面貌落后局面的改变,让安徽省变成黄淮南片现代农业发展的示范区,为国家粮食安全做出应有的贡献。

16　加快玉米科学种植和吨粮县建设

夏收夏播马上就要来临，为了加快中国科学院"第二粮仓"计划STS项目、安徽省玉米振兴计划、涡阳县吨粮县的落实，要紧紧抓住近年来气候变暖和江淮地区变湿润的有利大环境，以及今年小麦生育期间降水较多，但病虫害较少，玉米播种底墒相对较好的时机。

建议涡阳县因地制宜出台各种惠民措施，顺应近年来秋季多雨寡照、病虫害严重发生导致大豆种植面积和产量大幅度减少的生产态势。淮北地区年降水量达900mm，改小麦-大豆低产低效种植模式为小麦-玉米高产高效模式，加快抗逆早熟高产玉米品种推广，亩产吨粮田相对容易实现，先抓玉米种植面积增加，再抓玉米高产，是涡阳实现吨粮县的关键。要争取2015年实现全县玉米播种面积达到120万亩，为吨粮县打好基础。

16.1　选种中早熟抗病抗逆高产品种

因为黄淮南片温热、降水资源明显好于黄淮北片地区，黄淮南片小麦比黄淮北片早熟5～10天，玉米可以延长生育期7～14天，按照每亩每天增加15斤计算，可以每亩增产100～200斤，玉米高产潜力还有待进一步挖掘。但因为淮北地区秋季多雨，对玉米收获不利。

因此，建议选种耐密植、抗倒伏、适应性强、中早熟、后期籽粒自动脱水快、有利于机械化收割（脱皮棒子或者籽粒）、高产潜力大的玉米新品种。

为了减少玉米苗期病虫害发生，建议全面落实玉米包衣种子销售，推广玉米药剂和抗旱剂拌种，提高玉米出苗质量。

16.2　及时播种，减少农时浪费

玉米高产播种是春争日、夏争时。同一天早晨和下午播种的玉米出苗长势都有一定的差异。在有人力等条件时，可以提前5～7天在麦田套种玉米。

通过政府和农业科技部门跨区调配小麦联合收割机、补贴柴油、农机修理服务到田头等惠农支农措施,加快大面积推广小麦秸秆粉碎还田、玉米硬茬播种技术,杜绝小麦秸秆焚烧。

通过给农民提供玉米播种机、提供质优价廉的玉米种子、补贴化肥等惠农措施,鼓励小麦收获后当天或第二天播种玉米。提倡前面收小麦,后面播玉米,实现小麦机收秸秆切碎还田、玉米机械深松精播化肥深施"一条龙"作业。

16.3 进行科学杂草化控

建议引进采用带有喷药装置的播种机喷洒土壤封闭型除草剂一次完成,或播后苗前土壤墒情适宜时用 40%乙阿合剂(或 48%丁草胺·莠去津、50%乙草胺)等除草剂,兑水后进行封闭除草。

未进行土壤封闭除草或封闭除草失败的田块,可在玉米出苗后至 6 叶前用 48%丁草胺·莠去津或 4%烟嘧磺隆等兑水后进行苗后除草。

16.4 加快深松精量播种施肥一体机的示范推广

因为淮北地区土壤肥力较好,水热资源丰富,生产潜力大,玉米每亩地种植密度可以是 4500~5000 株。鼓励群众购买包衣的可以单粒点播的高质量玉米种子,建议引进示范推广玉米深松精量播种施肥一体机,提高播种出苗质量。多用中国科学院与河南心连心化肥有限公司联手研发的控失尿素等新产品,每亩施用 45%含量(氮 28%、磷 10%、钾 7%)玉米控失肥 40kg,提高肥料利用效率,实现节本增效。

黄土高原和华北平原等地大量的生产实践证明,前茬小麦如果长期施用复合肥或者磷肥,由于小麦旱季对磷肥利用有限,土壤一般相对富磷缺氮,况且玉米对氮肥敏感,因此,建议玉米地减量、隔年施磷,增施钾肥和微量元素肥料,也是减少肥料投入、平衡施肥、提高肥料利用效率的一个重要措施。

16.5 科学防旱防涝

按照我们在黄淮北片多年的科学试验和生产实践,随着机械化跨区小麦收割迅速发展,为了防止小麦倒伏,提高收获质量,减少小麦籽粒水分含量和晾晒时间,快速入库进仓,建议一般不要再浇麦黄水。小麦收获后玉米硬茬播种,在小麦秸秆的覆盖下,有利于减少土壤水分蒸散和防止杂草生长,促进玉米出苗。

淮北雨季一般来临较早,小麦收获后雨季一般随即就到来,播种玉米后基本可以保证出苗。淮北地区是湿润区的旱地高产类型地区,因为该区河流(渠)、地下水资源丰富，如果发展补充灌溉，该区还有更大的生产潜力。

在干旱年份，因为前茬小麦土壤耗水较多，需要给玉米浇"蒙头水"，以保障出苗，实现苗全、苗匀、苗壮。

在正常降水年份，玉米硬茬播种后，可以减少一次出苗水的灌溉，利用前茬小麦底墒和到来的雨季保障玉米出苗。另外，在保障出苗的情况下，适度干旱蹲苗，有利于玉米根系的发育和后期抗倒，同时因为湿度降低，苗期病虫害减轻。

在干旱的情况下，一定要确保给玉米浇喇叭口期的水，尤其要防止"卡脖旱"。特别是结合灌溉给玉米增施一定肥效较快的碳铵，保证玉米正常抽雄吐丝，为高产打好基础。

因为淮北后期多秋雨，还要加强排涝的措施落实。

16.6 科学高效绿色防治病虫害

鼓励群众在喷施农药时多用中国科学院环保农药控失剂，提高农药利用质量和效益。有统防统治组织条件的地方，可采用自走式大型喷雾机，由于农药雾化好、喷洒均匀、速度快，效果更佳。

在播种时结合土壤封闭除草喷洒杀虫杀卵剂，杀灭麦茬上的二点委夜蛾、灰飞虱、蓟马、麦秆蝇等残留害虫。

在玉米大喇叭口期实施"一防双减"，普遍用药一次，喷施杀虫、杀菌复配或混合药剂，能够兼治兼防多种病虫，降低病虫害流行程度，减轻后期危害，保护玉米植株正常生长，提高叶片的光合效能，实现玉米增产增效。

16.7 科学化控防倒

由于黄淮南片气候湿润、高温，密度较大、生长过旺、倒伏风险较大的地块，在玉米7~11展叶期喷施化控药剂预防倒伏。

16.8 保障玉米收获质量

建议引进补贴示范推广玉米联合收割，特别是可以直接脱皮或者脱粒的新型玉米收割机。另外，以同丰种业等种子企业和粮库为基地，补贴引进新建一批粮食烘干设施，保障玉米能够及时收回来，并及时晾晒和烘干，保障玉米及时入库和调运。

17 淮北第二粮仓夏粮丰收在望

涡阳，一个没有高铁、没有动车、没有高速公路的淮北平原偏远腹地，是一个有 230 万亩耕地的农业大县，经济欠发达的地区。

该县处于黄泛区，地势低洼，土壤属于砂姜黑土，旱了坚硬龟裂，湿了发黏，适耕时间短。旱涝频繁，涝灾多于旱灾，抗旱灌溉系统设施薄弱，靠天吃饭，是我国南北过渡带半湿润区的旱作农业典型代表地区，属于黄淮中低产田区。

该县光温水资源相对丰富，有 830mm 的年降水量，地下水资源丰富；主要是小麦-大豆一年两熟的种植制度，没有实现吨粮田。

该县是安徽省小麦生产大县，常年有 200 万亩的小麦种植；是一个优质强筋小麦高产区。经过安徽省农业科技人员、涡阳县政府和群众的共同努力，2010 年成为安徽省第一个小麦千斤县。

中国科学院遗传与发育生物学研究所农业资源研究中心张正斌研究员 2013 年应同丰种业邀请到这里考察小麦育种，认为这里及黄淮南片地区（包括淮北、苏北、鲁西南、豫东南）可以在短期内实现吨粮田，减轻黄淮北片因为超采地下水导致的对生态环境和国家粮食安全影响的压力，向国家建议加快中低产田改造、建设黄淮南片粮仓，被《人民日报》内参采用，发到省军级，受到国家有关部门的高度重视。2014 年 6 月，科技部副部长张来武到安徽调研科技支撑粮食安全，并提出在黄淮南片建设第二粮仓。随后中国科学院科技服务网络计划（STS 计划）立项支持淮北科技增粮县域技术集成与示范项目。

夏收作物经常处于干旱、冻害频繁发生的旱季，是决定我国粮食安全的关键季节；而秋收作物处于雨热同步的雨季，一般相对比较安全，高产潜力大。6 月是夏粮安全收获的季节，今年淮北地区是个雨水较多的好年景，虽然返青拔节期遇到一定的霜冻，但经过科技人员和政府及群众的共同努力，淮北地区小麦长势喜人。

在中国科学院"第二粮仓" STS 计划项目、安徽省小麦高产创建、涡阳县吨粮县等项目的联合攻关下，项目组在陈大镇和楚店镇 5 万亩高产示范区进行了小麦绿色提质增效高产示范，主要措施有：旋耕+秸秆还田+播种施（环保控失）肥一体化+优质抗病小麦品种+环保控失除草剂和农药+一喷三防。

2015 年 5 月 30 日，专家组在两个万亩示范方进行了测产，陈大镇万亩示范方平均亩穗数为 56.63 万穗，穗粒数 32.13 粒，千粒重 42g，平均亩产量 611.79kg；楚店镇万亩示范方平均亩穗数为 36.95 万穗，穗粒数 45.3 粒，千粒重 43g，平均亩产量 649.57kg。在淮北旱作条件下，和农民常规种植相比，5 个旱地万亩示范片亩增产率 9.7%以上，亩增产 56.08kg，创淮北旱地小麦亩产高产纪录，取得了良好的经济和社会效益。

淮北地区小麦产量关键要素今年呈"四增一减"态势：由于小麦播种期降水较多，且暖冬，小麦亩穗数增多；春夏温度升高缓慢，小麦孕穗时间长，穗长和小穗数增加；但由于返青拔节期的霜冻和后期赤霉病局部发生，部分麦田穗粒数有一定的减少；而后期低温多雨，千粒重有一定的增加趋势，有望实现十三连增，为吨粮县早日实现打好了基础。

（部分内容见，王方，科技守望"绿色"麦田，中国科学报，2015-06-17，第 5 版 农业周刊）

18 科技支撑玉米生产跨越发展，打造淮北粮仓

在中国科学院淮北粮仓项目组张正斌研究员《关于推进涡阳县小麦-玉米吨粮田县建设》等建议下，经过涡阳县政府、农业委员会、中国科学院"第二粮仓"STS 计划预研项目"淮北科技增粮县域技术集成与示范"、安徽省小麦高产创建等多方共同努力，涡阳县小麦取得了丰收，小麦总产达到 90.26 万 t，平均亩产 517.3kg，实收平均亩产 758.5kg 的安徽省最高产量也诞生在这里，为涡阳早日实现吨粮县打好了基础。

为了落实中国科学院淮北粮仓项目组张正斌研究员《加快玉米科学种植和吨粮县建设》等建议，通过涡阳县政府及农委、中国科学院淮北粮仓项目组等部门的努力，涡阳县玉米生产近年来实现了跨越发展，全县 2013~2014 年玉米播种面积一直徘徊在 66 万亩左右，2015 年的玉米播种面积扩大到 135 万亩，增长了一倍，计划 2016 年玉米种植面积达到 150 万~160 万亩，即可实现吨粮县，为淮北粮仓现代农业发展树立了榜样。

这对于一个有 230 万亩耕地的安徽第二农业大县是非常不容易的事情，该县对安徽和国家粮食安全有重要贡献。涡阳县是个典型的农业大县，以小麦为主的粮食生产为优势主导产业，常年粮食种植面积 365 万亩左右，总产 130 万 t 左右，在全省乃至全国占有举足轻重的地位，三次获得全省"粮食生产三大行动"先进县，12 次获得全国粮食生产先进县（先进县标兵、先进单位）等称号，2010 年率先在全省实现小麦单产千斤县目标，也是全国面积最大的小麦单产千斤县，常年小麦种植面积 175 万亩以上，为吨粮县打下了很好的基础。该县常年粮食总产 130 万 t，如果实现吨粮县，有实现粮食总产达 150 万~200 万 t 的生产能力。

7 月末，淮北遍地的玉米长势喜人，特别是由中国科学院遗传与发育生物学研究所、合肥物质科学研究院、南京土壤研究所、安徽涡阳同丰种业、涡阳县农委等有关单位联合攻关，在涡阳县楚店镇万亩绿色提质增产增效小麦-玉米吨粮田里，玉米茎秆粗壮、叶片浓绿、长势挺拔，株高明显高于周边普通农田，一片丰收在望的景象，这更加坚定了项目组对实现淮北粮仓的信念。

然而，这一切来之不易。2013 年以前，这里主要是小麦-大豆一年两熟，是淮河流域大豆主产区，但当地群众增产增收困难。近年来，由于淮北地区气候变化剧烈，大豆苗期经常受到干旱影响，结荚少，后期又经常遇到多雨寡照，加上

前茬小麦秸秆还田，导致大豆病虫害增加，因此开花少、灌浆不好，连续三年大豆都呈现减产趋势，部分地区大豆绝收。

张正斌研究员近年来承担了国家重点基础研究发展计划（973计划）项目：气候变化对我国粮食生产资源要素的影响机理研究，对过去50年的气候变化研究表明，淮北地区气候明显变暖，江淮地区明显有变湿润的趋势，这对喜温高光效、喜水肥高产的C4作物玉米是一个良好的发展时机。因此，他建议当地政府大力发展小麦-玉米吨粮田高产高效模式，替代小麦-大豆低产低效模式。虽然当时安徽省提出玉米振兴计划和建设多个吨粮县的目标，但淮北地区玉米生产发展缓慢。

当地干部和群众有许多顾虑，一是因为这里秋季多雨，玉米成熟时籽粒含水量还高于东北玉米；二是这里玉米播种收获机械缺乏，种植玉米投劳投资比大豆多；三是这里种植玉米品种多是高粗秆、大披叶、大棒粒、稀植晚熟品种，产量不高且病虫害严重；四是种植管理（中耕、施肥、灌溉、喷药等）麻烦，经济效益不高；五是秸秆还田麻烦，经常焚烧秸秆，导致黄淮南片环境污染严重，甚至影响了南京等周围机场飞机的起飞，引起高速公路连环撞车等交通事故多发，严重地影响了该区域的经济、社会发展和生态环境，因此对种植玉米有困惑和犹豫。

当得知这些情况时，张正斌研究员向当地干部群众和科技人员提出了自己的分析和观点：这是由于淮北腹地信息闭塞导致现代农业发展落后，其实这些问题是我国东北春玉米和黄淮夏玉米区都遇到过的普遍问题，但都已经通过科技支撑解决了有关难题，我们可以通过引进、学习河北、山东等地的小麦和玉米联合收割粉碎先进机型等经验改变涡阳县的传统种植方式。同样在淮北地区的蒙城县，2013年率先在全省成功创建吨粮县，他们能够做到的我们一定能够做到，我们要鼓足干劲，加快涡阳县在吨粮县创建由后进变先进的转变。

涡阳县要趋利避害，科学高效利用淮北地处我国南北气候过渡带、丰富的温热光水资源，一是可以引进后期籽粒自动脱水快、秆细、叶小而上挺、棒小、耐密植、抗病虫、适应机械化收获的玉米新品种；二是黄淮北片的河北省、山东省等许多地区通过小麦晚播-玉米晚收，小麦跨区联合收割秸秆还田、玉米深松硬茬精量播种，玉米机械化收获、秸秆粉碎还田，土壤有机质含量逐渐增加，土壤结构向好转变，吨粮田出现概率在农民地里普遍增加，吨粮田再也不是口号和攻关目标了，而是农民通过现代化农业发展获得的实打实产量和藏不住的喜悦。我们在河北省石家庄市与来干临时工的农民和跨区收割的外地农机手聊天，他们都很高兴地告诉我，小麦和玉米亩产千斤以上的田块见多了，许多都是在农民地里而不仅仅是科研实验攻关田里。

通过调研，给当地群众和干部算账，如果种植玉米，每亩地很轻松地可以达到亩产1000~1200斤甚至更高，按照玉米多年市场价每斤1元钱来算，每亩还有1000元的收入，由于玉米生长处于雨季，况且淮北地区多年降水量平均850mm

以上，秋季多大雨，涝灾多于旱灾，玉米生长季的水分是有保障的，况且前茬旱作小麦在群众施肥量普遍偏大的情况下，后茬雨季玉米可以进一步高效利用前茬小麦田剩余的养分，为玉米高产服务。而大豆一亩地生产200～300斤，每斤按照2元钱计算，亩产400～600元，明显比玉米少挣400～600元。鼓励原来主要经营小麦和大豆两大作物种子的同丰种业转型，逐渐减少大豆种子扩繁、销售，进一步加强中早熟耐密植玉米新品种的引进和销售，首先从玉米优良品种种植方面调动群众种植玉米的积极性。目前中国科学院STS计划淮北粮仓项目组，中国科学院遗传与发育生物学研究所玉米育种专家陈华榜研究员给涡阳引种了70多个适合机收、籽粒脱水快、耐密植的抗病高产优质玉米品种（系）。

为了加快玉米生产发展，主要做法是：为鼓励农民规模连片种植玉米，2014年涡阳县政府对机播每亩补贴15元钱，涡阳县为鼓励农民扩大玉米生产面积，落实机播、种子等各项奖补资金2500多万元，特别是对于新购置的玉米收割机，将在原补贴30%的基础上，县财政再补贴2万元，为农民规模种植玉米吃上"定心丸"。2015年除了在全县继续执行机播每亩补贴15元钱，对涡河以北原来种玉米较少的地区进一步加大玉米机播和玉米良种补贴达每亩40元，其中20元补贴已经发到农户，其余20元补贴在玉米收获前即将发给农户，2015年各项奖补资金预计将超过3000万元，这对一个以农业为主的粮食生产大县和财政收入穷县，的确是一笔巨大的财政支出，说明了涡阳对保障国家粮食安全做出了巨大的努力和贡献。

积极推行政府调用玉米播种机到田间地头，主动为农民服务，前边联合收割机收小麦并将秸秆粉碎，后边紧跟旋耕播种玉米，免机播费和种子费等给农民播种玉米，争取实现零耗时，还调用植保无人飞机对玉米高产创建示范片进行了病虫害防治。

安徽许多地区农田是大平小不平，不如华北平原土地平整，耕作粗放，现代农业规模小，交通信息网络等不发达，导致安徽特别是淮北地区农业生产普遍落后。

为了在涡阳树立吨粮田示范样板，中国科学院张正斌研究员通过STS计划淮北粮仓项目课题经费为项目组购买了一台激光平地机和一台免耕深松全层施肥精播机，免费供当地群众推广使用，以加快涡阳现代农业种植方式的转变。

目前淮北地区主要推广的是旋耕播种施肥一体机，比河北省农哈哈集团生产的免耕深松全层施肥精播机相对落后，旋耕起垄容易散失有限的土壤水分，同时扬尘较多。免耕硬茬深松播种施肥一体机有以下优点：一是可以深松土壤30～40cm，打破犁底层；二是可以富集水分和养分，减少水肥流失；三是可以增强玉米根系生长，提高水分和养分利用效率；四是减少玉米后期倒伏，以及减少玉米因根系下扎不深导致的后期早衰，保障玉米高产稳产。

另外，针对2015年涡阳玉米面积急剧增加，为了防止玉米收获期多雨影响玉米质量，项目组成员单位同丰种业有限公司购买安装了 6 个粮食烘干设备，建设仓储面积 37 000m^2，仓储能力达 8000 万斤，为玉米烘干和收储打下了很好的基础。

近年来淮北地区气候灾害频繁发生，中国科学院 STS 计划淮北粮仓项目组成员和涡阳县政府及群众正在为打造涡阳吨粮县和淮北粮仓做不懈的努力，我们也翘首盼望秋季丰收的到来。

19　涡阳：科技打造淮北粮仓新样本

2015 年 8 月上旬，安徽省涡阳县的农田里，一排排玉米茎秆粗壮，叶片浓绿，长势旺盛。

这让涡阳县农委副主任史晓云感到高兴。一年前，涡阳县玉米播种面积只有 65 万亩，2015 年，玉米播种面积增加超过一倍，达到了 135 万亩。眼下，如果加强田间管理，今年玉米丰收在望，距离实现吨粮县的目标又近了一步。2016 年，预计玉米种植面积将达到 150 万～160 万亩。

在涡阳县实现玉米跨越式发展的背后，有重要的农业科研力量在提供科技支撑。2015 年初，中国科学院与安徽省联合启动了中国科学院科技服务网络计划（STS 计划）预研项目"淮北科技增粮县域技术集成与示范"等一系列对中低产田改造的科技计划，集成中国科学院的新技术和成果，对淮北的中低产田进行改造。

"中国科学院把科技的力量融入粮食增产，通过科技服务为淮北增粮做出了示范。"史晓云告诉《中国科学报》记者。作为"淮北科技增粮县域技术集成与示范"的县域科技增粮示范区，涡阳县正成为科技助力粮食增产的新样本。

19.1　战略布局改造中低产田

对于中国这样一个人口大国来说，粮食安全是重中之重。如何保障国家的粮食安全，一直以来都是中国科学院农业科研力量不懈攻关的方向。在 20 世纪 80 年代，中国科学院就通过科技支撑盐碱地改造，对黄淮海地区进行治理，开启了"黄淮海会战"，为国家粮食安全做出了重要贡献。

"十二五"期间，中国科学院农业科技面向国家粮食安全的战略需求，启动了知识创新重大项目"耕地保育与持续高效现代农业试点工程"。"该项目瞄准的主要就是中低产田改造，保护 18 亿亩耕地和提升地力。"中国科学院科技促进发展局副局长段子渊在接受《中国科学报》记者采访时回顾道，"在院党组的统一部署下，中国科学院的农业科技力量瞄准农业产业的主战场，在继续做好科技支撑东北平原、华北平原和黄淮海平原'第一粮仓'的基础上，积蓄准备科技力量，支撑改造位于黄淮南片的中低产田'第二粮仓'。"

2013年，在中国科学院院长白春礼的直接推动下，中国科学院、科技部等部门和相关省市联手启动了"渤海粮仓科技示范工程"项目。该项目针对环渤海低平原4000万亩中低产田和1000万亩盐碱荒地进行改造。

2015年，为了探索保障国家粮食安全的新途径和促进农业转型发展，中国科学院与安徽省联合启动了淮北粮仓预研项目。

在项目负责人、中国科学院合肥物质科学研究院研究员吴丽芳看来，该项目的实施得益于中国科学院在黄淮海区域长期的战略布局、科研部署和科研积累，以及各级管理部门的重视："尤其是白春礼院长关于黄淮南片第二粮仓的批示，对统一思想和认识，调动院地有关方面的积极性发挥了重要作用。"2015年年初，这个联合了中国科学院合肥物质科学研究院、南京土壤研究所、遗传与发育生物学研究所等院所的预研项目正式启动。

19.2 科技增粮的涡阳样本

2015年1月，中国科学院通过反复调研和论证，选择了涡阳作为项目县域科技增粮示范区，提出在项目实施的2～3年内，以调整种植制度为突破口，通过现代农业科技支撑，推进涡阳县成为安徽省继蒙城县后的第二个吨粮县。

涡阳县是安徽省第二农业大县，常年粮食种植面积约365万亩，总产130万t，2010年率先在全省实现小麦单产千斤县目标，也是全国面积最大的小麦单产千斤县。作为示范点，涡阳县具有土壤和生态气候的典型性。"土壤是砂姜黑土，保水保不住，排又排不出来，"吴丽芳告诉《中国科学报》记者，"同时，涡阳地势低洼，地处黄泛区，旱涝灾害频繁。"

除了自然条件的制约之外，涡阳县实现吨粮县目标的主要障碍是大豆。"近年来，由于淮北地区气候变化剧烈，大豆苗期经常受到干旱天气影响，结荚少，后期又经常遇到多雨寡照天气，加上前茬小麦秸秆还田导致大豆病虫害增加，因此开花少、灌浆不好，连续三年大豆都呈现减产趋势，部分种植区大豆绝收。"中国科学院遗传与发育所农业资源中心研究员张正斌告诉《中国科学报》记者。

针对这一关键问题，中国科学院"第二粮仓"项目组与涡阳县农委领导多次协商对策，拟将原有的小麦-大豆轮作调整为小麦-玉米轮作，建设和推广吨粮田。针对涡阳县缺乏玉米优良品种的问题，中国科学院遗传发育所的玉米育种专家陈化榜研究员在楚店镇项目示范区引进示范70多个优良玉米品种，从中挑选适应性最好、适合机收、后期籽粒脱水快的优良品种在涡阳县推广应用。

同时，项目组还推广整套现代农业栽培管理技术和产品。将土壤改良、环保化肥、环保农药助剂、高效智能农机、物联网等一整套农业产业技术成果打包示范，做到农民"用得起、看得懂、学得会"。

19.3 政产学研用合力打造淮北粮仓

对史晓云来说，中国科学院"第二粮仓"STS计划项目的提出与涡阳县当地农业发展的需求"不谋而合"。

对项目的开展，涡阳县人民政府、农委给予了大力支持，采取了多项措施提高农民种植玉米的积极性。2015年对玉米机播每亩补贴15元，对涡河以北补贴达每亩40元，全年全县各项奖补资金预计将超过3000万元。对于新购置的玉米收割机，将在原国家补贴30%的基础上，县财政再补贴2万元，为规模种植玉米的农民吃上"定心丸"。

同时，涡阳县的农业企业也尽全力在经营方面予以支持，项目以安徽同丰种业基地为技术示范载体，进行技术示范和推广。同时购买安装了6套粮食烘干设备，建设仓储面积37 000m^2，仓储能力达8000万斤，为玉米烘干和收储提供支撑。

自从项目启动以来，中国科学院科技促进发展局与安徽省农业委员会、科技厅、涡阳县政府成立了专门协调小组。

为了扩大玉米种植规模，张正斌研究员先后撰写了《关于推进涡阳县小麦-玉米吨粮田县建设》《加快玉米科学种植和吨粮县建设》等建议，并给农民合作社进行技术培训。为了在涡阳县树立吨粮田示范样板，项目组购买了生产上急需的激光平地机和免耕深松全层施肥精播机各一台，免费供当地群众推广使用。

吴丽芳向记者透露，项目组正在与涡阳县人民政府合作筹建"皖北现代农业综合试验站"，以进一步加速科技成果的推广和应用。

"目前已经在涡阳形成了一种'推进涡阳吨粮县建设，共同振兴皖北现代农业'的政产学研用的合力，"段子渊表示，"项目的进展是在院党组部署下各方共同努力的结果。"

（胡璇子，涡阳：科技打造淮北粮仓新样本，中国科学报，2015-08-05，第5版农科）

20　绿色科技支撑涡阳吨粮县建设，打造淮北粮仓

涡阳县是安徽省第二农业大县，有耕地面积 230 多万亩，在保障安徽省和国家粮食安全中占有重要地位。该县处在我国南北过渡地带的淮北地区，雨热相对充沛，以旱作农业为主，是我国典型的小麦-大豆一年两熟区。该区也是我国典型的砂姜黑土中低产田区，具有很大的开发潜力。

该县长期重视小麦高产栽培，在国家、安徽省科技项目的示范和支持下，加上涡阳县各级领导和农业科技人员对农业科技的高度重视和践行，2010 年午季小麦率先实现了安徽省千斤县。涡阳县也是全国小麦生产第二大县，连续 11 年获国家粮食生产先进大县称号。但玉米种植面积多年来一直徘徊不前，2013 年有 40 多万亩，2014 年 70 多万亩，不到全县耕地面积的 1/3，在很大程度上是该县成为吨粮县、亳州市成为吨粮市、安徽省在皖北建立吨粮县市整体目标早日实现的明显短板。

2013 年，中国科学院专家张正斌研究员来涡阳县考察调研，建议涡阳县加快种植制度改革，由小麦-大豆低产低效种植方式改为小麦-玉米吨粮田高产高效模式，进一步推动淮北粮仓建设，通过 2～5 年的努力，在黄淮南片地区推广示范绿色增产提质增效模式，建设黄淮南片粮仓，为黄淮和国家粮食安全做出重要贡献，后被《人民日报》内参采用，发到省军级，得到国家有关部门的高度重视。

2014 年，科技部张来武副部长来皖调研，召集中国科学院及安徽、河北、江苏等省的科技管理部门及专家参会，座谈会上提出："在黄淮海等地区建设第二粮仓科技示范工程，充分发挥中低产田粮食增产潜力，是保障国家粮食安全的重要举措。要通过科技集成、示范和推广，加强项目、人才、基地、企业有机结合，集成一批土、肥、水、种技术成果，探索中低产田粮食增产技术模式和一二三产业融合技术体系，为解决粮食增产、农民增收、农业增效提供科技支撑。"

座谈会后，中国科学院立即组织院内的农业科技力量进行组织和实施方案研讨，并于 2014 年年底立项"第二粮仓"预研项目，投入经费 1000 万元，在涡阳县和农垦农场实施"淮北科技增粮县域技术集成与示范"项目。该项目由中国科学院合肥物质科学研究院牵头，中国科学院 8 个研究所及安徽省农业科学院、安

徽农业大学等多家地方科研院所，以及安徽同丰种业、龙亢农场、河南心连心化肥有限公司、中科禾辉生物技术公司、青岛新纳生物技术公司、中盐安徽红四方股份有限公司等企业共同参与。该项目目标是挖掘中低产田粮食增产潜力，进行周年农业提质增效全产业链技术集成，为中低产田科技增粮提供示范样板，为保障国家粮食安全提供技术支撑。

"第二粮仓"预研项目分别以涡阳县和龙亢农场为县域现代农业和集约化经营模式示范实施载体，围绕淮北障碍性土壤砂姜黑土和水资源利用效率低这两个突出问题，进行了砂姜黑土改良、水资源有效利用技术与应急灌溉和水肥一体微喷灌技术产品示范推广；培育了抗逆适机收玉米品种、抗（耐）赤霉病小麦、耐储藏水稻品种、适合秸秆还田的脆秆水稻品种；推广控失复合肥、控失尿素、化肥增效剂等系列环保化肥产品和高效省工施肥技术；推广高效减施农药技术产品；研发示范了喷药机器人等智能农业装备；以涡阳县楚店镇为核心，建立核心示范区1万亩，辐射带动5万亩，在绿色生产、提质增产增效方面起到了示范带头作用。在龙亢农场建立了全国物联网平台展示窗口，建立了"我的农场"、供销市场、庄稼医院、大田物联网系统，研发了害虫自动检测、水质监测等技术及产品。

项目实施近一年的时间，得到中科院和地方研究机构广泛的关注和支持，中国科学院院长白春礼为项目实施专门进行了批示，项目牵头单位中国科学院合肥科学研究院配套200万元科研经费，安徽省政府与中国科学院科技促进发展局建立了项目联席会制度，安徽省涡阳县为项目配套2000万元，进行配套农业基础设施建设，涡阳县农委和安徽同丰种业、龙亢农场为项目实施做了大量的支撑和协调服务工作；涡阳县政府、安徽同丰种业和中国科学院合肥科学研究院政产学研合作建立了"皖北现代农业综合试验站"。项目有关成果在亳州市经济督查会、安徽省春季农业会议、2015中国农交会等上展示，受到亳州市、安徽省、农业部等各级领导的关注，并得到中国中央电视台和《中国科学报》等主流媒体的跟踪报道。

中国科学院支持的"第二粮仓"项目与科技部的粮丰工程，农业部高产创建，安徽省小麦高产、水稻提升和玉米振兴等科技计划紧密结合、优势互补，在皖北的现代农业发展中起到重要的推动作用。项目原计划涡阳县2016年实现吨粮田县，通过各方面的不懈努力，特别是加快玉米高产高效种植，涡阳县提前一年实现吨粮县。

2015年5月涡阳县通过专家组在两个万亩示范方进行了小麦测产，陈大镇万亩示范方平均亩穗数为56.63万穗，穗粒数32.13粒，千粒重42g，平均亩产量611.79kg；楚店镇万亩示范方平均亩穗数为36.95万穗，穗粒数45.3粒，千粒重43g，平均亩产量649.57kg。在淮北旱作条件下，和农民常规种植相比，5个旱地万亩示范片亩增产率9.7%以上，亩增产56.08kg，创淮北旱地小麦亩产高产纪录。2015年6月，安徽省科技厅组织专家组，对位于亳州市涡阳县楚店镇后水波村的国家粮食丰产科技工程示范区超高产攻关田，进行了实收测产，实收平均亩产为

758.5kg，成为今年安徽小麦最高单产纪录。取得了良好的经济和社会效益。

2015年10月由安徽农业大学、安徽省农科院等省市专家组成的玉米专家验收组对涡阳县的秋季玉米生产进行抽样测产验收，通过好、中、差三种类型田块的实际测产得出，今年秋季玉米平均亩有效穗数达3972穗，穗粒数达482.2粒，千粒重按照320g计算，理论亩产达616.7kg，按85%折后亩产达524.2kg，加上全县午季小麦平均单产达517.3kg，涡阳县今年小麦、玉米两季合计平均亩产达1041.5kg，成功实现"吨粮县"建设目标。在"第二粮仓"示范区，超高产田块更是产量喜人，据抽样显示，超高产田块的平均亩有效穗4442穗，穗粒数625.8粒，千粒重按320g计，理论亩产889.5kg，按85%折合玉米亩产756.1kg；中国科学院遗传发育生物学研究所陈化榜研究员育成的'科育186'玉米品种技术集成测产结果亩产可达800kg以上，因该品种后期籽粒自动脱水快，比当地玉米品种早熟7~10天，可以适应机械化籽粒收获，为淮北秋季多雨涝地区玉米高产高效发展创出了一条新路。

亳州市于2013年年初提出用3年的时间，建设400万亩"吨粮田"，把亳州打造成"吨粮市"，2015年实际已经达到500万亩，比原计划超过100万亩。特别是涡阳县玉米播种面积扩大明显起了关键作用。涡阳县玉米种植面积由2014年的不到67万亩发展到2015年的135多万亩，增加60多万亩，占亳州市玉米吨粮田增加面积100万亩的一半多。

在取得阶段进展后，中国科学院将继续重点支持淮北"第二粮仓"项目，并组织有关中低产田改造科技支撑粮食安全项目，争取得到国家"十三五"支持。将引导涡阳县示范区重产更重质和增效，将加快传统农业向现代农业的转型，将绿色理念融入农业生产的全过程。要进一步加强优质绿色农产品基地建设，突显淮北绿色优质粮食生产基地的重要作用。加快优质小麦和优质大豆的地理标志优质农产品的申请，加快后期自动脱水快、优质、适合机收玉米品种的推广，加大经济作物的种植和养殖业的发展，优化农业生产结构，加快粮食加工业等产业链的发展，成为绿色现代淮北乃至黄淮南片粮仓的典型。

21 农机合作社从淮北粮仓走出去

2015年3月初,正值春耕备耕农忙之际,安徽省亳州市涡阳县农业机械专业合作社(以下简称农机合作社)的农机手们又开始认真维护、检修农具了。这个全力支持淮北粮仓项目并迅速成长的合作社,将在新的一年里寻求走出去而发挥更大效能。

2015年年初,中国科学院与安徽省联合启动了"淮北科技增粮县域技术集成与示范"项目等一系列对中低产田改造的科技计划,以挖掘黄淮南片的中低产田粮食增产潜力,为中低产田科技增粮提供示范样板。

项目选择亳州市涡阳县作为县域科技增粮示范区,对项目的实施,涡阳县人民政府、农委给予了大力支持,涡阳县的农业企业也尽全力给予配合。同丰农机合作社自2014年组建成立以来,先后吸纳了农机专业户48名,广泛分布于涡阳县楚店、陈大、标里、涡南、涡北、龙山、城东7镇24个村,现拥有玉米收割机、小麦收割机、拖拉机、旋耕机、播种机、打药机、灭茬机等大型农机101台(6套)。农机大院坐落在陈大镇杨楼村,占地5300余m^2,建有规范化办公楼一座($600m^2$)、农机库房两座($1600m^2$)、农机维修车间三间($80m^2$),固定资产达155.5万元。成为中国科学院合肥物质科学研究院皖北农业综合试验站的一个重要组成部分。农机合作社就是参与其中的一支力量,对于他们的加入,中国科学院遗传与发育生物学研究所农业资源研究中心研究员张正斌表示,其"加快了淮北第二粮仓科研示范推广项目高质量完成"。

参与"第二粮仓"项目让农机合作社迅速成长,但农机社并未打算止步于此。农机合作社负责人杜永久向《中国科学报》表示,合作社不仅要争做"第二粮仓"项目示范推广的排头兵,还要将各种资源优化配置和整合,组建产业联合体,从淮北粮仓走出去,"只有这样,农机合作社才能发挥最大的价值"。

21.1 助力淮北粮仓建设

为了开发黄淮南片中低产田的粮食增产潜力,"第二粮仓"项目有针对性地进行了技术集成,示范推广了水资源有效利用技术与应急灌溉和水肥一体微喷灌技术;培育了适宜当地种植的新品种;推广了系列环保化肥产品、高效省工施肥技术和高效减施农药技术产品等,这些集成的最新成果和技术如何示范推广?示范区内农机合作社的加入给项目的深入推进提供了有利条件。

"该合作社统一组织机耕、机播种,对推进玉米的扩大种植发挥了重要作用。"张正斌告诉《中国科学报》记者,2014~2015年,涡阳县玉米播种面积增加超过一倍。"尤其是在去年小麦夏收和玉米、大豆秋收多雨的情况下,合作社大中型联合收割机的使用大大加快了收获进度。"

"我们主要是配合中国科学院,重点面向种粮大户,示范推广一些新型的机械和最新的技术。"杜永久告诉记者,以飞防服务为例,如果是一家一户,根本无法应用,更难提推广。

"在病虫害的综合防治上,农机合作社统一喷施农药等也发挥了关键作用。"张正斌表示。除了在播种、收割、田间管理等环节提供农用机械,农机合作社还提供了粮食烘干设备,对收获的湿小麦和玉米等进行了及时烘干,帮助农民减少损失。

做到了"五个统一",即统一联系业务、统一质量要求、统一标准收费、统一机械存放、统一维修养护,实现了无合作争议、无质量分歧、无车辆事故,取得了良好的社会效益和经营效益,服务经营收入达72万元。

21.2 成为紧密的联合体

与一般的农机合作社不同,涡阳县农业机械专业合作社不仅仅拥有数百台农业机械,加入合作社的不少社员还流转了土地,带着土地加入合作社。"不是零散的机械和农机大户组合在一起就是农机合作社。"杜永久告诉记者。在采访中,他最常提及的一个理念是:"合作社应该是紧密的联合体"。

朝着合作社成为紧密联合体的目标,杜永久首先创新了合作社的管理模式。"在别的农机合作社,社员可能既是农机的所有者也是机械手,但是我们不是这样。"杜永久说,在他们的合作社,有的社员买了农用机械,但不一定自己亲自操作机械;有的社员没有购买农业机械,但是会开机械。合作社把这样的人和物聚集,将人力资源和农用机械重新组合起来。

此外,合作社托管了十几万亩土地,与一般服务型托管土地不同,合作社在托管的土地上统一进行播种、管理和收割,粮食收获时也统一进入合作社的粮仓。

这就意味着,合作社不是"种一亩地,收一次钱"的方式,在生产中间不收费,待粮食进入仓库之后,再核算各个环节花费,进行统一结算。"实际上,这是一种联合起来搞生产的模式,"杜永久说,"通过这样的利益联结机制,合作社成为了更紧密的联合体"。

此外,依托核心的产品,2015年,合作社还发起组建了由企业、合作社和种植大户构成的农业产业化联合体。杜永久说:"我认为,产业化联合体应该有紧密的联结，以某一产品形成产业链条，并让链条上的每一个参与者都得到利益的分配。"

21.3　走出去发挥最大效能

合作社成立以来，杜永久就一直在思考一个问题：如何发挥农用机械的效能？"目前来看，农机的使用率太低，闲置率很高。"杜永久说，一个农民购买某一农用机械之后，通常集中在某一时段使用，往往集中使用3~7天以后，机器就闲置了。

为了提高农机的使用效率，合作社内部规定，合作社的功能机械在社员之间相互调配使用，同时，合作社也积极地往外突破，寻求走出去。

"只有走出去，才能发挥农用机械的最大效能。"杜永久告诉记者，目前合作社下设三个分社，其中一个分社的社员在加入合作社之前，就常常跨区作业，"他们从安徽淮南，一直作业到河南、河北和山东等省份。"

从他们的经验来看，以往某一机械的使用期是3~10天，但实现跨区作业以后，机械的使用期延长了，从原来的一周左右扩展到一个月甚至更久。"作业时间延长了3~4倍，效益也大大增加。"杜永久说。

加入合作社，让以往"单打独斗"的农机手找到了组织。杜永久说，这些社员之所以愿意加入合作社，是因为合作社为跨区作业提供了良好的平台和管理机制。"以往他们就像'游击队'，与当地的对接也常常出现问题，现在通过合作社，有了与当地政府沟通的更好的桥梁。"杜永久说。

他表示，农业机械走出去有利于整合各种资源，使农业机械的效益最大化，是一举多得的举措。"希望国家在这方面出台相应的鼓励扶持政策，给农机合作社创造更好的外部生态环境。"

（部分内容见，胡璇子，农机合作社从淮北粮仓走出去，中国科学报，2016-03-02，第8版　区域）

22 第二粮仓加快绿色优质高效农业产业化

地处安徽省西北部的亳州市是黄淮地区的农业大市,也是中国科学院"第二粮仓"预研项目的重要基地。2015年,在"第二粮仓"项目的科技助力下,亳州市拿下安徽省首个"吨粮市"的桂冠,然而,亳州市并未止步于此,农业转型、向绿色提质增产增效发展的脚步一直在加快。

近日,中国科学院专家在对小麦绿色提质增产增效试验示范基地进行调研考察后建议:亳州市推广小麦+中药材(瓜果、蔬菜)等种植模式,在实现亩产千斤优质小麦的基础上,再增加1000元收入的"双千"田模式。亳州市积极采纳,充分发挥亳州药都和蔬菜生产大市场的资源优势,市及各县区都因地制宜制定了结构调整的奖补意见,抢抓春耕备耕的有利时机,目前新增预留中药材面积3万亩,新增设施蔬菜3万亩,新增果树面积1万亩。

以涡阳县为例,该县计划在继续保持小麦千斤县和吨粮县的基础上,在涡河以南抓小麦-玉米吨粮田生产,在涡河以北抓小麦-中药材(蔬菜、大豆等)的"双千"田。

涡河南北种植的作物之所以有所差别,还是因为增产增效绿色提质需"因地制宜"。"随着气候变暖等原因,涡河以南地区降水较多,低温寡照天气增多,加上大豆病虫害严重,导致大豆茎叶徒长而结荚很少,大豆普遍减产或绝收,因此,涡河以南仍然以推广喜水肥耐阴后期自动籽粒脱水快的玉米生产为主。而涡河以北,气候相对干旱,光照充足,大豆病虫害少,大豆普遍亩产200~300斤,以满足我国江淮地区豆制品产业对高蛋白质大豆的需求。"

根据今年春耕当地农业生产情况的变化,当地农资企业除了供应自繁种子,还提前布局从山东等地调运大豆种子,以满足当地优质大豆生产需要,并从省内外有关种业调运部分适合淮北平原抗病早熟高产玉米种子,还采购并提供了大量国内外蔬菜瓜果、中草药等经济作物种子,以优惠价格供群众选用,推动绿色高效现代农业转型,促进群众增收。

加快农业转型,向绿色提质增产增效、多种经营模式发展,30万亩优质小麦标准化生产基地获全国绿色食品认证,蔬菜、中药材种植面积分别达到44.5万亩、13万亩,新增"三品一标"产品认证13个、无公害产地认证5个。产业化链条不断延长,正宇集团被农业部认定为全国主食工业化示范企业,市级以上产业化龙头企业发展到 108 家；农民专业合作社、家庭农场分别达到 1686 家、658 家。规模养殖比例达到 80%，被评为全国生猪调出大县。现代农业基础更加牢固，新增县级以上农机专业合作社 131 家，农机总动力超过 210 万 kW。新建修复机井 7787 眼，治理河沟 189 条，新建加固中小涵闸 24 个，建成 5 个农业物联网示范点；完成造林 3.5 万亩，建设绿色长廊 120km、森林长廊示范段 66km。

优质小麦是涡阳县绿色优质高效产业化的典型代表之一。全国推广面积最大的第一个优质强筋小麦'皖麦 38'就是由涡阳县农科所在安徽育成，曾带动了安徽省及黄淮南片的优质小麦生产。2010 年，涡阳县同丰种业有限公司从河南新乡购买了优质强筋小麦新品种'新麦 26'在安徽省和江苏省的经营权，大力推进优质高产高效小麦产业化，2010~2015 年该品种安徽、江苏两省累计推广面积超过 200 万亩，累计销售种子 5000 万斤，规模化种植已占到 60 万亩以上。方式是订单，主体是合作社、大户、企业。2016 年 3 月 26 日，在亳州市召开的安徽省农业生产会议上，同丰种业优质强筋'新麦 26'联合瑞福祥食品有限公司产业化模式受到安徽省领导的表扬重视，正在全省作为示范样板进行推广。

事实上，涡阳县近年来一直在着力加快现代农业转型，稳粮抓钱，增加农民收入，培育绿色食品、现代中药等产业，加大专用小麦、功能性小麦、水果玉米、糯玉米、优质黄豆等高附加值品种的研发力度，并加快开发生产无公害、绿色、有机农产品。

据悉，亳州市力争到 2020 年，绿色食品产业产值达到 50 亿元，占全部农产品加工产值比例达 20%以上。同时，亳州市还将充分利用现代中药产业集聚发展基地辐射带动作用，加强药材种植基地规范化建设，加大招商引资力度，加快培育一批现代中药龙头企业，力争到 2020 年现代中药产值达到 20 亿元，中药材种植面积达 16 万亩。目前正在准备申请国家地理标志绿色农产品等，以创新形成淮北地区特色优质农产品品牌和市场。

（部分内容见，胡璇子，第二粮仓向绿色高效农业转型，中国科学报，2016-04-06，第 8 版 区域）

23　第二粮仓重视优质小麦品牌化和规模化发展

2016年5月20日，中国科学院"第二粮仓"STS计划项目组与安徽省小麦产业技术体系联合在安徽龙亢农场和涡阳县召开了小麦绿色增产模式试验观摩与技术研讨会，进行了小麦赤霉病等病虫害防治的培训，并到亳州市瑞福祥食品有限公司进行了小麦精深加工及产业化发展需求的深入调研。提出了淮北地区农业（小麦）供给侧改革的出路，要在提高籽粒品质，降低不完善粒的同时，重点发展优质专用小麦和品牌粮食，实现绿色提质增产增效规模化发展。

安徽沿淮淮北地区常年有800~1000mm的降雨，正常年份可靠自然降水，满足小麦-玉米一年两熟水分的需求。该区有2500万亩旱作小麦，是安徽省小麦主产区，以发展适于我国主食的中筋小麦为主，也可发展优质强筋和弱筋小麦。亳州市（蒙城县、利辛县、涡阳县和谯城区）2015年实现了吨粮市，是安徽省发展优质小麦的重点区域。随着我国玉米生产过剩，如何进一步优化调整农业种植业结构，是淮北地区面临的重要问题。

近年来由于淮河流域气候湿润多雨，小麦赤霉病频繁、严重发生，部分地区小麦穗发芽时有发生，小麦赤霉病和穗发芽引发不完善粒超标，农民生产的小麦卖不掉，售价低，粮食部门收购的小麦拍卖不出去、腾不出库存，面粉加工企业收不到、用不上合格的原料，如何调整小麦品质结构、商品品质和制品品质，提高小麦产业的全产业链经济效益和市场竞争力，成为安徽省沿淮、淮北地区小麦供给侧结构改革迫在眉睫的问题。

安徽省和四川省是我国两大外出打工人数最多的省份，大部分人口在外地吃粮，安徽省和江苏省粮食总产基本都是700亿kg，但安徽省由于人口大量外流，而成为我国在黄淮流域的继河南省之后的第二粮食调出大省。

淮北平原耕地面积3200多万亩，占安徽省耕地面积的1/3，粮食生产占安徽省农业的半壁江山，该区是湿润易旱地区，光温资源丰富，是我国商品粮生产基地之一。但该区以前是黄泛区，地处黄淮腹地，交通不便，经济、科技发展相对滞后，人口相对稀少，如涡阳县有近230万亩耕地，人均耕地2~3亩。随着人口的大量外流，是发展土地流转、扩大规模化经营及家庭农场的典型潜力代表地区。

安徽省要发展生态农业产业化、优质小麦产业化、粮食生产市场化，要针对市场对优质小麦、专用小麦等的需求，大力发展优质小麦品牌，这些都要依靠小麦绿色攻关生产模式。

中国科学院"第二粮仓"项目在涡阳县安徽同丰种业建立了中国科学院合肥分院皖北现代农业综合试验站，紧密结合安徽省小麦产业体系，在涡阳县等周边县区，大力繁育优质小麦品种'新麦26''涡麦8号''荃麦725'等优质小麦品种，进行抗赤霉病等抗病品种及抗穗发芽优质小麦品种的筛选和示范推广及规模化和产业化生产。在涡阳县各乡镇建立了绿色模式种植示范田15万亩。同时加快控失化肥和控失农药及播种施肥深松（灭茬）一体机的示范推广，提高化肥农药利用率，通过小麦施用复合肥、玉米施氮肥或隔年施磷，实现稳氮减磷，加快了化肥和农药减施。通过和小麦精深加工的领跑者——瑞福祥食品有限公司紧密结合，进行小麦品牌化生产。

瑞福祥公司小麦精深加工在国内链条最长，小麦深加工转化增值较高，一粒小麦可以加工出十几种产品，把小麦所具有的多种价值发掘了出来，小麦经深层次加工转化成了面粉与谷朊粉等产品，并加强了配粉工艺研究，生产出的乙醇中各种醛酸酯、高级醇等杂质含量少，理化分析结果达到国标特级水平，口感特别纯正，是高档白酒、精细化工和香精香料的理想原料，成为亳州市首个通过"7+1"营养强化面粉认证的面粉产品，小麦粉系列中4项产品获得绿色食品认证。该公司是中国最大的食品级谷朊粉生产商，中国第一家纯天然超级乙醇生产商；是安徽省最大的小麦精深加工企业，以食用乙醇、无水乙醇、小麦蛋白粉（即谷朊粉）、颗粒谷朊粉、面粉、饲料、组织蛋白、水溶性蛋白、烤麸等产品为主的粮食深加工企业。其产品主要销往美国、加拿大、荷兰、日本、越南、澳大利亚、中国台湾等几十个国家和地区，在本行业中居安徽省出口创汇第一位。

虽然该公司地处安徽优质小麦主产区——淮北平原粮仓的亳州市，但淮北地区的小麦品质还是低于河南、山东、河北等相对干旱地区，因此，安徽省的优质小麦生产还无法满足瑞福祥食品有限公司精深加工的大量需求，还要从其他优质麦区调运小麦，这对安徽省等周边地区是一个发展优质小麦的良好机遇。

为了进一步减少赤霉病等的危害，建议安徽省等赤霉病多发地区的省区，要加快深松改深翻土壤，要进一步加大深翻农机的补贴，通过深翻土壤，减少病虫害及杂草的危害。要通过小麦和大豆、谷子等杂粮、油菜等蔬菜、薯类、中草药等轮作倒茬，减少赤霉病等病虫害寄主——玉米（秸秆）种植，优化调整种植业结构等农业供给侧改革，提高农产品品质和经济效益。

安徽地处我国南北过渡（北纬33°）带，但由于小麦育种力量薄弱，没有形成跨省区域的小麦主栽品种，目前还主要靠引进山东、河南、江苏等地的小麦品种。针对我国北纬33°沿线水土资源丰富，但是小麦赤霉病和冻害及穗发芽频繁发生的难题，中国科学院"第二粮仓"项目专家顾问程顺和院士提出一项"南上北下"的新育种目标，充分利用南北大面积品种的育种成果，利用南方抗赤霉病的种质资源改良北方品种的赤霉病和穗发芽抗性，利用北方抗旱抗冻抗逆的优质种质资源改良南方品种的抗寒性和品质及产量潜力，重点解决该区小麦赤霉病等病虫害严重、籽粒完善率不高、品质较低、种植效益低下的重大难题。

24 第二粮仓示范推广深旋耕技术促进玉米产量及效益提升

近年来，我国第二次土壤普查表明，华北平原耕层变浅。这是由于长期利用大型农机收获耕种作业，推行免耕旋耕等技术，缺乏深翻和深松耕地，作物容易发生倒伏减产，没有发挥土壤水肥光热的高产潜力。

中国科学院遗传与发育生物学研究所农业资源研究中心研究员张正斌先后两次向国家建议重视深翻和粉垄深旋耕耕地，获国家有关领导批示。

他说，我国保护性免耕旋耕面积不断扩大，秸秆杂草病虫害等长期处于耕层上部，如玉米秸秆就是小麦赤霉病的寄主，杂草病虫害大面积频发，农药化肥及除草剂大量施用，严重污染生态环境，影响了食品安全。

日前，农业部发布了《全国农机深松整地作业实施规划（2016～2020年）》，力争到2020年把全国适宜深松的耕地全部深松一遍。

据了解，我国有6000多万亩砂姜黑土中低产田，主要分布在黄淮南片地区。"虽然粉煤灰等改造砂姜黑土有一定的作用，但要大面积推广还有很大难度。"张正斌在接受《中国科学报》记者采访时表示。

为了改良砂姜黑土中低产田，建设高标准农田，中国科学院"第二粮仓"项目组在2015年从河北农哈哈农机集团向安徽省涡阳县、中国科学院合肥分院淮北现代农业综合基地等引进深松精量播种施肥一体机，并进行了示范推广，增加土壤蓄水增产效果明显。

近日，项目组又从广西五丰农机集团引进粉垄深旋耕机到涡阳基地进行了50亩示范作业，深旋耕30cm，松土厚度达到了50cm，明显地改变了砂姜黑土板结僵硬、通透性差的不良性状，对挖掘砂姜黑土中低产田高产潜力有一定促进作用。

据张正斌介绍，该技术是广西农科院研究员韦本辉和广西五丰农机集团联合开发的新型农耕机械，克服了普通水平旋耕较浅、仅有15～20cm，深松不能同时灭茬除草、杂草病虫害容易普遍发生，以及深翻耕地容易翻上生土层和需要粉碎土壤、平整土地等多种耕作方式的不足。

粉垄深旋耕在全国20多个省市多种作物示范表明，可有效增产10%～30%，后效持续显著。"实践证明这是一个绿色提质增产增效的农耕新技术。"张正斌说。

此外，项目组还结合华北平原节水高效农业的发展需求，引进深旋耕技术到中国科学院栾城国家生态试验站和河北省栾城区天亮合作社，进行了50多亩的核桃园和小麦田深旋耕示范，并和当地农机局等部门进行了讨论交流，为该技术在华北平原的示范推广提出了一些宝贵的改进意见。

中国科学院"第二粮仓"项目组农业资源中心张正斌课题组，在中国科学院淮北"第二粮仓"基地——安徽涡阳小麦收割后，示范粉垄深旋耕绿色提质增产增效技术30亩，在比常规玉米晚种一星期，且今年玉米花期遭遇严重高温胁迫、常规耕作田大部分玉米穗部顶端不育的情况下，深旋耕示范地玉米穗部顶端不育很少，亩产达到591kg，与对照常规耕作相比，产量增幅达12%。

在河北省石家庄市中国科学院栾城国家生态试验站和天亮合作社示范深旋耕50亩，在不同品种、肥料、密度处理下，粉垄深旋耕作处理比对照增产12.7%～33.0%，增产效果明显。特别是在没有施肥的处理，深旋耕亩产仍然达到了599.1kg，比对照增产18.3%。显示出了明显的绿色提质增产增效功能。

通过粉垄深旋耕作措施处理，打破了多年形成的犁底层，降低了0～40cm耕层土壤的容重和紧实度，土壤含水量增加，促进了根系生长发育，进一步促进了冠层花后干物质积累与分配。

我国有6000多万亩砂姜黑土中低产田，主要分布在黄淮南片地区，是黄泛区形成的一类土壤颗粒较粗大、含砂姜量较多、遇旱板结僵硬、遇涝发黏、适耕时间短的中低产田土壤。虽然利用粉煤灰等改造砂姜黑土有一定的作用，但要大面积推广还有很大难度。因此，研究如何改造这些中低产田，进一步推进小麦-玉米吨粮田建设是眼下当务之急。

粉垄深旋耕作是近几年来发展起来的一项新的深松耕作技术，对于改造黄淮南片地区密实、板结、僵硬的砂姜黑土起到了良好的调控作用，调耕层、促冠层，使得作物增产量多年后效明显。同时，粉垄深旋耕作对该区域绿色高产高效农业的发展也提供了一定的技术支撑。

为了加快粉垄深旋耕技术在中低产田改造方面的示范推广，2016年10月，中国科学院农业资源研究中心张正斌课题组通过和广西五丰农机集团、广西农业科学院韦本辉研究员等单位合作，已经在安徽省涡阳淮北"第二粮仓"基地示范推广粉垄深旋耕150亩，在河南兰考县、鹤壁市、新郑市等地示范1000多亩，在河北省石家庄、张家口等地示范推广200亩。将进一步展示粉垄深旋耕技术在改良盐碱地等中低产田方面的不可替代的优势和绿色提质增产增效的巨大潜力。

（部分内容见，张晴丹，第二粮仓示范推广深旋耕技术，中国科学报，2016-06-22，第6版 科研）

25　第二粮仓示范基地烘干设备助力品牌粮食生产

2015年和2016年秋收期间,安徽省遇连续阴雨天气,造成玉米难以及时收获和无法晾晒,不但延迟后茬作物播种,而且收获的玉米霉变严重,品质下降,价格极低或无人问津,给广大农民朋友带来严重的经济损失。

中国科学院"第二粮仓"项目从2015年就开始在淮北地区示范推广早熟、适应机械化籽粒收获的优质玉米品种'科育186'等品种,2016年加大力度全面示范推广'科育186''联创808''全玉1233'等品种,收获期提早一星期左右,避开阴雨天气,而且籽粒脱水快,能够机械化收获籽粒。

针对近年来淮北地区秋季多雨的气候变化趋势,在中国科学院专家指导下,安徽省同丰种业有限公司新购买了玉米籽粒联合收获机5台,使项目区玉米得以抢时收割脱粒;同丰种业迅速启用6套烘干设备,24h连续不间断进行烘干作业,日烘干玉米300t左右,使项目区玉米安全入库,不但玉米价格达到当时收购最高价格,而且全程机械化省时、省力,烘干成本较低,得到项目区合作社、家庭农场、农民的肯定,带来良好的社会效益和经济效益。

安徽省同丰种业有限公司领导审时度势,在2017年准备再增加6套烘干设备,使日烘干能力达到600t/天。助力淮北"第二粮仓"项目区粮食品牌化生产快速发展,为涡阳县绿色提质增产增效现代农业发展保驾护航。经过近年来的艰苦奋斗,同丰种业的品牌化优质粮食示范推广及大规模产业化联合体发展得到了亳州市和安徽省政府部门的高度重视,并作为粮食品牌化生产先进典型在安徽省进行示范推广,成为淮北"第二粮仓"项目的新亮点。

第三部分　华北节水高效生态建设

26 京津冀应发展适水型高效产业体系

2006 年国家发展和改革委员会就提出"京津冀都市圈和长江三角洲地区区域规划"专题，2014 年习近平总书记专题听取京津冀协同发展工作汇报，提出实现京津冀协同发展是一个重大国家战略。李克强总理在 2014 年政府工作报告中指出，加强环渤海及京津冀地区经济协作。京津冀一体化目前成为中国政府经济改革的"一号工程"。但由于京津冀地区在水资源短缺、环境污染、产业布局等方面矛盾重重，京津冀一体化在艰难前行，如何科学布局产业和高效协同发展？我们通过长期工作调研，建议京津冀发展适水型高效产业体系。

26.1 生态环境十分脆弱

京津冀主要位于华北地区，该区是我国三大粮仓和工业基地之一，是我国政治文化中心。

由于该区人口密度大，降水量为 400（河北张家口、承德）～650mm（沿海地区），处于半湿润偏旱地区，且北部风沙面积大，生态环境十分脆弱。

同时，由于污染企业发展过多过快，如河北的皮革、钢铁、水泥等产业，都是造成华北地下水和农田及雾霾天气严重污染的重要根源。2014 年中央财政安排大气污染防治专项资金 100 亿元，支持京津冀及周边、长三角、珠三角地区开展大气污染防治，其中京津冀是重点，说明京津冀地区环境污染严重到了不得不治理的地步。

26.2 缺水问题最为突出

社会科学文献出版社出版的《京津冀发展报告（2013）——承载力测度与对策》蓝皮书指出，淡水资源是京津冀区域承载力的最大短板，大气污染已成京津冀生态承载力的"软肋"。

北京市 2011 年全年水资源总量为 26.8 亿 m^3，同年实际用水量为 36 亿 m^3，缺口量为 9.2 亿 m^3。按照 2011 年年末常住人口 2019 万人，加上流动人口约

240万人，北京市人均水资源占有量仅为119m³。是京津冀地区缺水最为严重的地区。

2011年天津市水资源总量为15.4亿m³，人均水资源占有量仅为116m³，约为当年全国人均水资源量的1/15。

京、津两大城市的人均水资源占有量远不及国际上公认的人均500m³极度缺水标准的1/4。

河北省多年平均水资源总量为205亿m³，人均水资源量仅为307m³，是国际上公认的人均500m³极度缺水标准的不足2/3。

京津冀地区甚至比不上以干旱缺水著称的中东和北非地区，属极度缺水地区。属我国水资源承载力与经济社会发展最不适应的地区，缺水已成为该地区进一步发展的主要制约因素。

由于靠超采地下水满足工农业生产快速增长的需求，京津冀地区形成了以城市为主的地下水漏斗群，特别是河北省的沧州、衡水等地区，地下水漏斗深达100m以上。

中央政府对河北超采地下水的严峻问题非常重视，2014年中央财政将安排63亿元人民币，开展地下水超采综合治理试点工作。但从京津冀可持续发展来看，这只是个缓兵之计，并不是长远之策。在加强节水工农业和节水型社会发展的同时，还需要靠长远的南水北调工程等来解决华北的先天性缺水问题。

北京和天津两大城市长期缺水严重。北京从河北、山西等省多次调水，天津主要靠引滦入津调水工程，天津及河北省沧州、衡水地区还从黄河引水以解决饮水困难，黄河还给白洋淀、衡水湖调水解决生态环境用水问题。但这些都是解决应急缺水的工程措施，还未从根本上解决京津冀地区的长期缺水问题。

虽然南水北调中线有望在今年10月通水，但南水北调中线一期工程调水量为95亿m³，分配北京、天津各10亿m³，河北省30亿m³，剩余的45亿m³给河南等省市。

现在看来，虽然南水北调能为京津冀解决部分缺水问题，但随着经济、城市和人口的扩张，农业（食品）生产和对水资源需求的刚性快速增长，京津冀地区资源型缺（淡）水问题将长期存在。

北京和天津的现实供水量均高于当地水资源量。北京市多年平均水资源量为23亿m³，近年来用水总量在35亿m³左右，用水缺口约12亿m³，主要依靠地下水超采和从周边省份的调水来弥补。现在看来，南水北调中线的10亿m³对北京当前和今后35亿～40亿m³的水资源需求量来说，只是保障了1/4～1/3的水资源需求量。由于人口快速增长，生活用水已占用水总量的44%。如果人口持续膨胀，南水北调的水量将会被快速增长的人口所吞噬。

天津市正常年景下水资源量约12亿m³，近年来用水总量约23亿m³，用水缺口约11亿m³，主要依赖引滦工程和引黄工程的调水来弥补。南水北调中线给天津市10亿m³，可缓解天津市的部分水资源短缺压力。

河北省2012年用水总量是195.33亿 m³，南水北调中线给河北省30亿 m³，是河北省用水总量的1/6，说明河北省还有很大的缺水压力。

因此，京津冀地区的水资源短缺问题将是旷日持久的难题，不是一蹴而就可解决的短期问题。

26.3 建议发展适水型高效产业体系

我国的经济发展三极是珠江三角洲、长江三角洲和渤海三角洲（包括京津冀一体化）。前两个经济三角洲的快速发展，明显得益于丰沛的降水资源和就近、低廉的江河航运资源。渤海三角洲（京津冀）地区降水资源偏少，首先限制了工农业、城镇的快速健康发展，同时也导致了没有高效利用渤海便利的航运资源。

以河北资源为主体，以北京和天津为科技引擎的京津冀一体化，需要加快协同高效发展。河北省以前主要靠资源型工业发展，造成了很大的环境污染，习近平总书记在河北省委专题民主生活会上指出，河北必须加快转型升级、提质增效，并要河北卸下包袱，不为GDP排位纠结。

我们需要科学分析京津冀水资源的分布和调水资源保障率等问题，同时根据京津冀地区各地的水资源和工农业布局，来建立相应的适水型高效产业体系。具体建议如下。

26.3.1 河北坝上地区（张家口、承德）应建立生态保护型旅游产业

要加快沙漠地区的退耕还林还草，同时要开发草原生态旅游产业，带动当地群众脱贫致富，保卫好北京风沙来源的北大门和北京、天津的水源地。

26.3.2 北京市应成为软实力现代高科技城市

以政治、文化、教育、旅游、金融、高端科技产业为主，靠软实力来支撑该区经济发展。将资源消耗型和加工型产业（如钢铁、耗水严重的企业等）迁出到京津冀沿渤海地区，紧靠港口，利用资源、产品运输出口等便利条件，降低耗水、耗电等成本。一方面减轻了北京的环境污染、人口、资源供应压力，另一方面促进了河北省、天津市的产业合理布局，同时带动了以河北省为主广大地区的经济快速发展。

26.3.3 天津市应发展成为高科技现代国际贸易大都市

天津是京津冀地区的出海口，进出口贸易基地，应该统一协调京津冀的进出口

高效方便通关体系,让天津港等港口成为京津冀对外贸易的窗口和主体功能区,让河北省和北京市能够从国际贸易中获得更大的经济效益。同时,天津临海可大力发展海水淡化和相关的化工产业,以缓解天津市自己的用水和远距离调水压力。

26.3.4 河北省应建立环境友好型和资源高效利用型的工农业协同发展体系

一是要发展节水高效现代农业,满足京津冀地区对农产品的大量需求。二是要发展环境友好型资源高效利用型的绿色产业,以减少对京津冀的污染。三是发展来料加工型产业,特别是高科技组装产业体系,通过天津港出口贸易获得更大的经济效益。四是河北省有海岸线长的优势,希望国家批准河北省多建港口贸易城市,充分发挥河北省在工农业资源等方面的优势,促进河北产业转型,带动河北广大地区的经济收入提高。

26.3.5 南水北调中线一期工程,对缓解我国华北地区的缺水危机将发挥重要作用

京津冀是华北缺水严重地区,需要长期远距离巨量调水,才能保障京津冀高效、绿色、协同发展,才能真正打造出一个与长三角和珠三角经济圈相媲美的京津冀(环渤海)经济圈。建议进一步加快南水北调中线从丹江水库到长江三峡大坝的延伸调水工程,此外,考虑从西南五江一河(雅鲁藏布江、澜沧江、怒江、金沙江、雅砻江、大渡河)的大西线调水工程落实,就可以实现全国江河联网,整体解决西北、华北和东北的缺水问题,整体改进我国北方的生态环境,促进北方经济发展。

总之,京津冀地区成为当前国家治理地下水超采和大气雾霾污染的重点地区,也是我国经济发展缓慢的地区之一,水资源和粮食安全矛盾突出,发展绿色农业、绿色能源、绿色工业、绿色经济是京津冀一体化的关键。水资源安全、粮食安全、经济安全、生态安全等方面的矛盾化解之日,就是京津冀一体化共同繁荣昌盛之时。

(张正斌,京津冀应发展适水型高效产业体系,中国科学报,2014-08-29,第7版 智库)

27 华北应将压采地下水补贴用于南水北调，实现粮食安全经济生态共赢

华北平原气候半湿润偏旱、光照充足，是我国强筋优质冬小麦主产区，也是夏玉米的主产区，目前面临着两大问题，一是华北特别是河北省平原地下水超采严重，国家近三年来投资167亿元压缩河北省地下水超采，其中一项措施是压缩冬小麦种植面积，不种冬小麦一亩补贴500元；二是玉米生产过剩，价格较低，农民增收困难，面临着农业供给侧改革的问题。针对我国黄淮南片近年来小麦生长后期频繁遇到多雨天气，赤霉病发生严重，小麦品质下降严重，对我国小麦生产安全有一定的影响，同时，华北平原地区优质小麦高产潜力没有发挥，我国近年来持续年均进口优质小麦（300万t左右）的情况，如何在减少地下水超采的同时，能够保持和增加我国优质小麦生产，我们建议华北应逐步将压采地下水补贴用于南水北调，即在节水的同时改为多从南水北调中线调水，稳定增加优质小麦生产，实现粮食安全经济生态共赢。

27.1 华北地下水超采威胁京津冀可持续发展

根据水利部公布的数据显示，目前全国地下水超采区达30万km^2，超采量约170亿m^3，主要集中在北方地区。华北平原深层地下水已形成了跨冀、京、津、鲁的区域地下水降落漏斗，华北很多城市的地下水开采量已占总供水量的70%以上，形成了沧州、衡水等13个沉降中心。

河北省人均水资源不足$300m^3$，仅为全国平均水平的1/7，是我国水资源十分短缺的省份之一。河北全年总用水量200亿m^3，其中有50亿m^3靠超采地下水。据统计，截至2013年年底，河北省累计超采地下水1500亿m^3左右，面积达6.7万km^2，均占全国的1/3，相当于200多个华北地区最大淡水湖——白洋淀的水量。

《河北省地下水超采综合治理规划（2014~2030）》，决定治理重点为黑龙港流域，面积为3.6万km^2。目标是到2017年退减地下水超采量42亿m^3，压采率达到70%，城市市区地下水位明显回升，区域地下水位下降速率明显变小，丰水年止跌回升；到2020年退减地下水超采量54亿m^3，压采率达到90%，太行山山前

平原浅层水位小幅回升、地下水漏斗中心水位回升、面积减小；到2030年地下水超采量全部得到退减，基本实现采补平衡，地下水漏斗中心水位大幅回升、面积减小。

27.2　国家大力补贴河北压缩地下水超采

2014年1月农业部就试点华北地下水严重超采区进行治理。河北省2015年度地下水超采综合治理试点方案是：试点区通过调整种植结构24万亩，扩大实施非农作物替代农作物15万亩、农艺节水700万亩、高效节水109.3万亩、井灌区改渠灌区185万亩、地表水与微咸水混浇13.5万亩等综合治理措施，可形成节水压采治理面积1046.8万亩，新增农村地下水压采能力7.22亿 m^3，规划关停机井3902眼。同时，通过建设南水北调配套工程，切换城市集中供水水源，关停城市自备井，形成城市地下水压采能力7.58亿 m^3。2015年试点区城乡共计形成压采能力14.8亿 m^3。

2016年6月农业部会同中央农办、国家发改委、财政部、国土资源部等联合印发了《探索实行耕地轮作休耕制度试点方案》。其中在河北省黑龙港地下水漏斗区季节性休耕100万亩。技术路径：连续多年实施季节性休耕，实行"一季休耕、一季雨养"，将需抽水灌溉的冬小麦休耕，只种植雨热同季的春玉米、马铃薯和耐旱耐瘠薄的杂粮杂豆，减少地下水用量。休耕补助标准：与原有的种植收益相当，不影响农民收入。河北省黑龙港地下水漏斗区季节性休耕试点每年每亩补助500元。

根据财政部公告，三年来，中央财政对河北省地下水超采治理工作总计投入167亿元，2016年53亿元，2015年51亿元，2014年63亿元。

27.3　河北省压采地下水潜力有限，需要转变 调水可持续发展思路

2014年国家确定在河北省开展地下水超采综合治理试点以来，试点区地下水下降趋势得到一定遏制。2016年度全省试点区将累计形成农业地下水压采能力22.30亿 m^3，占试点区农业地下水超采量的54.8%，其中新增压采能力7.08亿 m^3，2014年度、2015年度试点已形成压采能力15.22亿 m^3。

2014年12月到2016年12月，南水北调中线给河北省两年度的输水是4.2亿 m^3，主要是城市用水。也就是到从2014年1月到2016年12月河北省城市（4.2亿 m^3）和农区（22.30亿 m^3）压采能力累计是26.5亿 m^3。

因为河北省多年平均降雨仅500mm左右，如果要保持农业可持续和京津冀

协调发展，在没有外源调水的情况下，靠雨养恢复地下水是很漫长的历史过程，压采地下水潜力有限。

国家三年投资167亿元给河北省换取了26.50亿 m^3 的压采能力，即每 $1m^3$ 压采能力花费了国家6.30元。

河北省发改委、省财政厅和省水利厅联合下发《关于南水北调中线一期配套工程供水价格的通知》，南水北调供水河北统一水价2.76元/m^3。

按照以上这个水价来计算，如果用167亿元来从南水北调中线调水，可以给河北调水60.50亿 m^3，是三年累计压采地下水26.5亿 m^3 的2.28倍。其实质是给河北省额外增加了60.5亿 m^3 水资源。即每年平均50多亿元，按照2.76元每立方米水价，每年可以给河北新增南水北调中线调水18亿 m^3 水资源，是河北省每年超采地下水50亿 m^3 的1/3多。

如果国家能够坚持10年每年给河北省压缩超采地下水补贴50亿元，用于每年给河北省新增南水北调中线调水18亿 m^3，10年累计投资500亿元，可以给河北新增水资源180亿～200亿 m^3，在一定时期保障河北省的可持续发展，对保障京津冀的协同发展作用巨大。

以上压采地下水投资和南水北调中线调水投资相比，在河北省实行节水的同时，通过思路转换，将压采地下水的补贴用于南水北调中线调水的补贴，将使效益和水资源量提高两倍多。

27.4　建议将压采地下水补贴逐步用于南水北调实现粮食安全经济生态共赢

南水北调中线一期工程设计平均年调水量将达到95亿 m^3。扣除沿途的蒸发渗漏损失，实际收水总量为85.3亿 m^3，其中河南省35.8亿 m^3，河北省30.4亿 m^3，北京市10.5亿 m^3，天津市8.6亿 m^3。

国务院南水北调工程建设委员会办公室发布消息，南水北调中线一期工程自2014年12月正式通水以来，累计输水60.9亿 m^3（2014～2015年22.6亿 m^3，2015～2016年调水38.3亿 m^3），惠及北京、天津、河北、河南沿线18座大中城市，4200多万居民。水质各项指标稳定达到或优于地表水Ⅱ类指标。居民用水水质明显改善，地下水水位下降趋势得到遏制，部分城市地下水水位开始回升，城市河湖生态显著优化，还在抗洪抗旱救灾中发挥了关键作用，社会、经济、生态效益同步凸显。

从目前调水量来看，南水北调中线两年累计调水60多亿 m^3，还不到设计年均可调水95亿 m^3 的2/3，说明南水北调中线的调水潜力还远没有发挥。

2014年年底南水北调中线一期工程通水以来，截至目前，南水北调中线工程已累计向河北省输水达4.2亿 m³，在一定程度上遏制了地下水超采问题，沿线受水区"缺水"状况得到一定程度缓解。平均每年2.1亿 m³，是原设计每年30.4亿 m³ 的约1/15。

南水北调中线自流灌溉，调水相对花费少，效益高，但目前因为水价太贵，各地用水积极性不高，只是城市用水，农业不敢用水，如果通过将河北省压采地下水的补贴变为南水北调中线调水，则发生质的变化。

基于以上情况分析，在目前南水北调中线水资源还没有充分利用的前提下，在华北地区需要发展优质小麦的现实需求下，冬小麦抗冻在华北秋、冬、春三季有保护生态环境和抗旱节水及保障国家粮食安全的多重功能，我们建议华北将压采地下水补贴逐步用于南水北调中线调水，在近3~5年内将每年大约50亿元的压缩超采地下水的补贴，用于各种节水工程和蓄水工程建设，之后5年逐渐将每年50亿元压缩超采地下水的补贴改变为从南水北调中线调水的补贴，可以年新增调水18亿~20亿 m³，在华北平原500mm降雨的基础上，按照每立方米水（1.5mm降水）生产1.5斤小麦计算，将年新增优质小麦20亿~30亿斤，5年可以新增小麦100亿~150亿斤，10年可以新增1000亿~1500亿斤，将在很大程度上保障我国粮食安全，同时还可以促进其他农副产品的大发展，促进华北地下水漏斗区的水位上升及生态环境改善，保障京津冀经济可持续发展。

28 生态文明建设重点应转向农区和城镇

28.1 中国农区和城镇环境污染问题日趋突出

近年来，笔者到全国部分省市开会调研，对全国生态环境改变的总体感觉是，由于我国从 1999 年以来投资 4300 亿元，开展了世界上最大的退耕还林还草生态建设工程，山区（秦岭）森林生态环境明显好于草原地区（内蒙古），再是丘陵沟壑区（如黄土高原）植被恢复加快，水土流失现象明显得到减缓。

农业区域由于农药、化肥等过量使用，加上集约养殖业的粪便污染，面源环境污染日趋严重；村庄房前屋后、道路两旁垃圾乱堆；特别是城镇建设扩张很快，生活和建筑垃圾没有集中无害化处理；粗放型和资源掠夺型工业、污染严重的化工等发展很快；城市巨量垃圾和污水循环处理及再生高效利用工程建设跟不上，造成我国许多城镇垃圾围城，成为污染物重要点源。虽然工业点源污染面积小，但因为许多化工和矿业特别是重金属污染难以自然消除，其危害程度远远大于农业面源污染。

在煤炭、钢铁、水泥等高耗能污染产业集中的京津冀地区，大气雾霾污染明显重于其他地区。湿润、经济发达的南方和东部地区大气雾霾等环境污染明显高于干旱半干旱、经济落后的地区。

28.2 中国农区和城镇水土资源污染触目惊心

根据《中国环境状况公报》，2011 年和 2012 年全国废水排放总量分别为 659.2 亿 t 和 684.6 亿 t，比黄河的年径流量还多。《2013 中国国土资源公报》显示，我国地下水水质较差和极差两项的占比达到 59.6%，超过了水质呈优良、良好、较好三类所占的比例。2011 年、2012 年和 2013 年，较差和极差级水占比分别为 55%、57.4% 和 59.6%，说明我国地下水水质仍在逐步变差。主要超标组分为总硬度、铁、锰、溶解性总固体、"三氮"（亚硝酸盐氮、硝酸盐氮和铵氮）、硫酸盐、氟化物、氯化物等，个别监测点水质存在重（类）金属铅、六价铬、砷等超标现象。

2014 年 5 月新华社从住房和城乡建设部获悉，全国 657 个城市中有 300 多个城市属于联合国人居环境署评价标准的"严重缺水"和"缺水"城市。由于环境污染加重,许多城市由水量型的缺水变成了水质型的缺水。

据央视网 2014 年 1 月报道,我国耕地面积不足全世界一成,却使用了全世界近四成的化肥;我国单位面积农药使用量是世界平均水平的 2.5 倍。这是我国农业面源污染的主要根源。

2014 年环保部和国土资源部联合发布的《全国土壤污染状况调查公报》显示,全国土壤总的点位超标率为 16.1%。从土地利用类型看,耕地土壤的点位超标率高于其他土地利用类型,点超标率为 19.4%,其中轻微、轻度、中度和重度污染点位比例分别为 13.7%、2.8%、1.8%和 1.1%;以 18 亿亩耕地面积计算,中国约 3.49 亿亩耕地被污染。林地和草地土壤的点位超标率分别为 10.0%和 10.4%。主要污染物为镉、镍、铜、砷、汞、铅、滴滴涕和多环芳烃。从污染分布情况看,南方土壤污染重于北方;长江三角洲、珠江三角洲、东北老工业基地等部分区域土壤污染问题较为突出,而这些地区正是我国主要的粮食产区。

中国已跻身全球第二大经济体,有望成为世界第一大经济体,中国粮食总产实现了 10 年连续增产,在创造经济腾飞奇迹和保障粮食安全的同时,也付出农区和城镇生态环境退化的沉重代价。雾霾等污染带来的隐形经济损失,正在降低世界对我国未来可持续发展的信心。

28.3 建议中国生态文明建设的重点转向农区和城镇

中国是世界农业大国和人口大国。《中华人民共和国 2013 年国民经济和社会发展统计公报》显示,中国最新的人口数量是 13.6 亿,其中城镇人口占 53.73%,农村人口占 46.27%。由于社会经济、城镇化的快速发展,中国农村人口将有减少的趋势,城镇人口将有增加的趋势。中国的政治、经济、科技、文化发展主要在城市,民营企业多在县乡镇,中国的粮食(数量和质量)安全和水资源(供水和饮水)安全主要来自广大的农业区域和周围的山区草原等生态屏障区域。因此,中国农区和城镇水土资源污染防治是中国食品安全和饮水安全的根本。

水是生命之源,水资源安全是粮食安全的基础。民以食为天,农业(土壤)是国民经济的基础,水利(资源)不但是农业的命脉,也是工业的命脉,城市的命脉,国民经济的命脉。农业水土资源生态安全无疑是中国粮食安全、饮水安全、经济安全、生态安全、社会安全和国家安全的根基。

但目前中国农区和城镇水土资源污染日趋严重,在封山禁牧后,植被有一定自然恢复能力的基础上,我国林区和草原区域生态环境得到较好改善的现状下,建议中国生态文明建设在重视生态屏障区退耕还林还草生态建设工程的同时,其重点应转向农区和城镇生态工程建设。只有这样,才能进一步具体落实党的十八大报告，推进中国特色社会主义事业做出的"五位一体"总体布局，即搞好经济建设、政治建设、文化建设、社会建设、生态文明建设——着眼于全面建成小康社会、实现社会主义现代化和中华民族伟大复兴。

虽然有10个中央一号文件连续关注"三农"问题，但中国农区和城镇环境污染日趋严重，为了保障中国的粮食安全、饮水安全和经济安全，要以生态文明建设为目标，调整产业结构，升级换代，功能转型，重点发展清洁、低能耗、生态、安全的绿色能源、绿色工业、绿色农业、绿色经济。现代绿色（工农）产业生态体系建设应成为第11个中央一号文件关注的焦点。

2014年中央一号文件指出，开展农业资源休养生息试点，抓紧编制农业环境突出问题治理总体规划和农业可持续发展规划，启动重金属污染耕地修复试点。从2014年开始，继续在陡坡耕地、严重沙化耕地、重要水源地实施退耕还林还草。开展华北地下水超采漏斗区综合治理、湿地生态效益补偿和退耕还湿试点。

根据国务院部署，环保部正在会同有关部门抓紧编制土壤污染防治行动计划。财政每年或将出资超过200亿，启动重金属污染耕地修复、地下水严重超采综合治理试点。

2014年中央财政安排大气污染防治专项资金100亿元，下拨专项资金80亿元，支持京津冀及周边、长三角、珠三角地区开展大气污染防治，其中京津冀是重点；余下20亿元将于下半年择机下拨，主要用于京津冀及周边地区。

2014年中央财政将安排63亿元，河北省级财政自筹配套11.5亿元开展地下水超采综合治理试点工作。

京津冀地区成为当前国家治理地下水超采和大气污染的重点地区，为了化解京津冀严重缺水问题，消除大气雾霾等环境严重污染，发展绿色农业、绿色能源、绿色工业、绿色经济是京津冀一体化的关键。水资源安全、粮食安全、经济安全、生态安全等方面的矛盾化解之日，就是京津冀一体化共同繁荣昌盛之时。

28.4 水资源高效利用是保障粮食、生态和经济安全重要途径

水不但是生命之源、生产之要、生态之基，也是经济之本、文化之渊、社会之力、政治之枢。

我国的经济发展三极是珠江三角洲、长江三角洲和渤海三角洲（包括京津冀一体化），前两个经济三角洲的快速发展，明显得益于丰沛的降水资源和就近、低廉的江河航运资源；渤海三角洲（京津冀）地区降水资源偏少，首先限制了工农业、城镇的快速健康发展，同时也导致没有高效利用渤海便利的航运资源。

我国年均水资源总量在2.8万亿m^3，排世界第6位，并不是缺水国家。但由于中国人口众多，导致我国人均水资源占有量（2300m^3）仅为世界人均占有量的1/4。

西北干旱半干旱地区由于长期缺水，生态环境脆弱，开发潜力无法发挥，西部之光难以点亮。我国南方水多，北方水少，北方黄淮海流域人均水资源是全国人均水平的1/5，不及世界人均水平的1/6，是中国最缺水的地区，这也限制了中原崛起。

近10年来，随着气候变化，我国南北方都同时出现多次50～100年一遇的干旱。半湿润的东北平原和黄淮海平原也经常遇到干旱，对我国粮食安全造成很大威胁。湿润的南方地区也频遭干旱威胁，同时因为重工重商轻农，没有充分发挥南方丰沛的水热资源的粮食生产潜力，还要进行北粮南运，成为我国粮食安全的重要问题。

我国东部粮食主产区和大城市长期靠超采地下水满足工农业用水，引起地面沉降和裂缝，带来很大经济损失；同时，许多城市周围的地表和地下水资源已经遭到严重污染，难以再作为饮用水利用，许多城市必须改为用周围的山区水库供水，或者跨区（流）域调水。如南水北调中线就是为了解决华北重要城市的缺水和饮水问题。

我国西南五省水资源量占全国的44%左右，有许多国际河流，虽然人均占有量很高，但实际使用量却较低，使云南部分地区连续5年干旱，处于有水无法高效利用的尴尬境地。

我们长期呼吁将水资源高效利用作为基本国策，要大力发展南水北调，才能够从根本上解决中国干旱缺水问题，实现我国水资源地均和人均整体平衡分配。南水北调东线和中线工程，对缓解我国华北地区城市用水和工业用水将发挥重要作用，但无法缓解我国西北和东北的缺水问题。我们希望进一步加快南水北调西线工程建设，首先解决西北黄河流域城市缺水问题。其次是考虑从西南五江一河（雅鲁藏布江、澜沧江、怒江、金沙江、雅砻江、大渡河）的大西线调水工程落实，就可以实现全国江河联网，整体解决西北、华北和东北的缺水问题，整体改进我国北方的生态环境，促进北方经济发展。

28.5 加快中国农区和城镇生态工程建设的建议

28.5.1 严格执行环境保护法，从制度上制止污染源的发生

对一些污染企业要严格执法，从政策和资金等方面扶持无污染的环保型企业的快速发展。

28.5.2 发展绿色农业新技术，减少化肥和农药用量

随着我国近年来推广保护性耕作，秸秆还田，我国农田有机质普遍有提高趋

势，通过测土科学配方施肥，可以减少化肥用量。创新绿色农业技术，多用生物防治技术、机械化中耕、土壤翻耕消除病虫害和杂草等，适当使用低毒、快速分解的生物农药，少用和不用化学除草剂。多建立防风防灾的防洪护林带，扩大益菌、益虫、益鸟的缓冲保护林草地带，采用植物品种多样性种植，减少流行性病虫害大发生的风险。

28.5.3 利用生物技术加快集约养殖业污染物的无害化处理

近年来，由于集约养殖规模不断扩大，一方面排泄污染物大量增加，难以消除臭气和进行无害化处理；另一方面容易导致动物病害突发和大发，许多病死动物抛尸江河、污染水源地的恶性事件频发。上述问题对养殖业污染物排放严重影响生态环境安全敲响了警钟。要发展生物链式的生态养殖和沼气利用，要多发展利用蚯蚓、有益细菌（EM）消除动物粪便的臭气和进行生物肥料加工，以利用有益细菌和利用作物秸秆废物相结合的发酵床来进行动物健康养殖，一是减少养殖业环境污染，二是提高废物循环利用，三是提高动物福利、养殖业经济和生态效益。

28.5.4 大力扶持发展循环利用产业

采用政策倾斜、资金补贴等优惠措施，鼓励民营企业利用各种生物和非生物的方法，科学高效分类处理、利用各种生活和建筑及工业垃圾和污染物，进行分类循环、高效利用和无害化处理。例如，利用生活垃圾转化成生物肥料，利用地沟油等转化成生物柴油，从建筑垃圾和城镇固体垃圾里分类处理各种可循环利用和不可循环利用的废物，利用其他科学方法处理电池等难以降解且毒性危害较大的垃圾。

28.5.5 加快再生水产业建设

许多城市排水建设工程设计不合理，城镇雨洪和排污管（渠道）不分，没有雨水集流和循环利用蓄水工程，一是浪费了雨水资源，二是扩大了污染，三是容易造成洪涝灾害。许多城市污水循环处理设施建设少，或者没有尽最大程度处理污水和循环利用，许多企业偷排污水，造成城镇水土资源污染严重。因此，要把污水处理和循环利用作为城镇的支柱产业进行扶持发展，严格执法处理排污事件，才能减缓城镇水土资源污染，保障经济、社会和生态安全。

28.5.6 加强污染治理投资，才能保障蓝天白云和青山绿水

相对于退耕还林还草工程 4300 亿元的国家投资，现在每年 200 亿的治污投资还显得有点太少，需要加倍。

28.5.7 进一步加强环境脆弱区生态保育投资治理

在自然恢复能力薄弱的西南喀斯特地貌地区的石漠化地区、青藏高原寒旱地区、西北干旱沙漠地区等生态环境脆弱带的环境治理还有待进一步加强人工治理投资。

28.5.8 加快南水北调西线的落实

加快南水北调西线的落实，并加紧大西线调水工程建设的研究设计，尽早实现我国东西部平衡发展，南北方共同繁荣。借鉴我国长距离管道输送天然气（西气东输，新疆—上海）和石油（中国—俄罗斯）的成功经验，以及以色列以管道输水和滴灌系统为特色的现代高效节水农业模式，加快我国管道输水网的建设。

总之，在应对全球气候变暖的形势下，全球都需要清洁、低碳、生态、高效的绿色发展，绿色农业发展应该成为中国第一大绿色产业，通过绿色能源、绿色工业、绿色水利等绿色发展，重点治理农区和城镇的环境污染问题，就可切实落实建立环境友好型和资源高效利用型的两型社会的基本国策，同时保障我国粮食安全和饮水安全。

（张正斌，徐萍，生态文明建设重点应转向农区和城镇，中国科学报，2014-06-27，第 7 版 智库）

第四部分　农业供给侧改革

京四部六　六北與清政改革

29 我国农业供给侧改革典型——陕西黄土高原发展经济生态果业

陕西黄土高原是我国革命老区和贫困地区，以前这里是种冬小麦、春玉米等杂粮作物，一年一熟，7~9月深翻土地、储蓄降水是旱地农业的主要经验，到处是荒凉一片，是没有绿色的黄土高原，气候干燥多风。通过长期艰苦创业，发展果业，实现了稳定粮食生产、增加农业经济和改善生态环境及可持续发展多赢，是我国农业供给侧改革的典型之一。针对我国玉米等农产品生产过剩，急需调整种植业结构的形势变化，建议在我国生态环境类似地区示范推广陕西黄土高原发展经济生态果业的成功经验，深化农业供给侧改革。

29.1 农业供给侧改革势在必行

近年来，我国农业面临三大问题，一是粮食总供求失衡，价格下跌，进口和库存都创历史新高，迫切需要加快调整农业的生产结构；二是农民增收目前还缺乏新的亮点和制度，迫切需要拓宽农民扩大就业的空间和增加收入的渠道；三是改变农业资源开发强度过大，利用方式粗放的状况，确保农业生态环境恶化趋势总体得到遏制，要充分发挥农业的多种功能，扩大农村的新产业，新业态，推进农业产业链的整合和价值链的提升。

2016年3月8日习近平总书记指出："推进农业供给侧结构性改革，提高农业综合效益和竞争力，是当前和今后一个时期我国农业政策改革和完善的主要方向"。

29.2 陕西黄土高原是贫困县集中分布的地区

陕西由陕北黄土高原、关中平原和陕南秦巴山地三个自然区组成。境内地形复杂，地质结构多样。陕北黄土高原沟壑纵横，年降水量400~600mm，水土流失严重；年降水量关中500~700mm，陕南700~900mm；长城沿线以北为温带干旱半干旱气候，陕北其余地区和关中平原为暖温带半干旱或半湿润气候，陕南盆地为北亚热带湿润气候，山地大部为暖温带湿润气候。

行政区划上陕西共有 80 个县，其中有 50 个是贫困县，主要集中分布在陕北革命老区、渭北旱塬和秦巴山区等地。

基础薄弱，耕地质量、科技创新、装备水平等能力不高是制约陕西省农业发展的短板。以耕地和水资源为例，旱地占 2/3，80%的耕地分布于水土流失和生态环境脆弱区，坡耕地和中低产田占比高。人均水资源是全国平均水平的 54%，耕地亩均水资源量是全国的 69%，旱象频发致使工农用水矛盾加剧。

29.3　陕西黄土高原发展经济生态果业是我国农业供给侧改革的典型

陕西省关中平原历史上就是个大粮仓，20 世纪 80 年代，陕西省在渭北旱塬发展春玉米等，打造渭北旱塬第二粮仓。近年来，随着气候变暖，陕北榆林沙漠地区因为有来自黄河的水资源和丰富的地下水资源，通过发展春玉米、马铃薯等高产作物，成为陕西省第二粮仓。陕西省是个小省，气候地貌复杂多样，海拔变化幅度较大，没有发展大规模现代农业生产的自然条件。但陕西省因地制宜，趋利避害，敢于创新，从 20 世纪 80 年代起，就开始大力发展果业生产，在农业供给侧改革中提前创出了一条新路子。

陕西省是联合国粮食及农业组织认定的世界苹果最佳优生区，是全球集中连片种植苹果最大的区域。早在 2002 年，以中国工程院院士束怀瑞为首的权威专家就认定陕北和渭北地区所在的黄土高原是中国唯一符合 7 项气象指标的苹果最佳优生区。同时，陕西秦岭北麓、渭河以南地区又被公认为猕猴桃最佳优生区，猕猴桃是陕西果业继苹果之后的第二大拳头产品。现在，陕西苹果产量占全国的 1/4 和世界的 1/7，苹果汁产量占世界的 1/3，猕猴桃产量占世界的 1/3，樱桃、葡萄、梨、红枣的种植面积和产量都位居全国前列，陕西成为全国水果第一大省。2015 年全省新增果园 80 万亩，水果总面积达到 1916 万亩，水果总产量达到 1600 万 t，较 2014 年增产 5%～8%。2015 年苹果产量跨上 1000 万 t 台阶，全省果业增加值预计可达到 400 亿元，较"十一五"末增长一倍以上，占到种植业的近 1/3；苹果基地县果农人均年收入过万元。

关中地区果园面积占全省 53.7%；水果产量占全省 74.5%。陕北果园面积占全省 40.3%；水果产量占全省 21.3%。陕南果园面积占全省 6.0%；水果产量占全省 4.6%。陕西省果业先后出台了转型升级战略、可持续战略、品牌化战略、全产业链战略和全球化战略。通过优化布局，建成了渭北黄土高原苹果优势产业带，无定河以南至渭河以北酥梨、红提葡萄、樱桃基地；黄河沿岸红枣基地；秦岭北麓和汉江流域猕猴桃基地；汉中盆地和秦巴山地柑橘基地；城市近郊时令水果基地。全省建成苹果基地县43个、梨基地县10个、猕猴桃基地县6个、柑橘主产县两个，形成了渭北黄土高原1022.7万亩苹果产业带、秦岭南北麓百万亩猕猴桃产业带、秦岭南坡浅山地区近60万亩柑橘产业带、大中城市近郊百万时令水果产业带等水果生产板块。认证绿色食品果品基地300万亩、有机苹果基地20万亩。支持建设了19个果树试验站。

全省建成了一批具有发展潜力的龙头果品企业群，发展了上百家中小型企业和上千个果业专业合作社。全省果汁加工企业有20家，51个加工厂，年消化鲜果300多万t。全省果品贮藏能力达到300多万t。在全国各地支持建成了130家陕西水果品牌店，陕西果品批量（1000t以上）出口全球21个国家和地区。2015中国果品区域公用品牌50强，陕西就上榜13家，另有21家企业进入2015年中国果业百强品牌企业，充分彰显了陕西作为中国第一水果大省的实力。全省果业基地县和主产县农民80%以上收入来自果业，陕西果业已发展成为覆盖1000万从业者的大产业。

在栽植方式上开展一场前所未有的革命，推广全球最先进的矮砧密植、集约栽培的高效发展模式。发展"果-畜-沼-水-草"循环果业，建设产地环境监测体系，促进产业功能向生产、生活、生态多功能转变，确保产业与生态协调，可持续发展。生态有机水果成为优果工程的最大亮点。

大力拓展果品电子商务市场，在陕西建成国内最大的苹果单品电子商务聚集平台。按照"互联网＋果业＋陕果背书品牌＋市县区域公共品牌＋企业品牌"的理念，与果园标准化建设及冷库物流配送相结合，扩大陕西水果品牌影响。安排项目资金逐步对销售地区直销店配套建设冷库。

2013年中国国家主席习近平在哈萨克斯坦纳扎尔巴耶夫大学演讲时提出丝绸之路经济带的建设。为加强陕西省与哈萨克斯坦的果业交流与合作，推动丝绸之路经济带新起点建设，陕西省将与哈萨克斯坦建立10个中哈苹果友谊园。积极融入"一带一路"战略，以中哈友谊园为契机，积极走出去，加入国际大循环，拓展向西、向南通道。目前陕西渭南市富平县"中哈元首苹果园"先行启动区已建成果园3150亩，新建区建成矮砧密植肥水一体化苹果示范园1000亩、苹果品种示范园530亩。

渭南是西北地区相对优越的农业生态区，素有陕西"粮仓、棉库、果乡"之称，先后被命名为中国苹果之乡、酥梨之乡、枣乡和柿乡。目前，渭南已成为西北最大的浓缩苹果汁生产基地、全国最大的绿色果品生产基地、全省最大的果品贮藏集散地。"白水苹果""蒲城酥梨""大荔冬枣""临渭葡萄""合阳红提"五大水果区域公用品牌已获得国家地理标志证明商标。到2020年使全市水果面积发展到400万亩，产量达到600万t，实现果品产值350亿元，果业综合收入450亿元，果业在农民人均纯收入中贡献达到5000元，把渭南建成全国"西果东送"特色果业强市和西北特色果品生产基地及集散中心。

陕西省坚持以"创新、协调、绿色、开放、共享"五大发展理念为引领，以供给侧结构性改革为抓手，以转变果业发展方式为主线，以增加农民收入为核心，加快现代果业生产体系、经营体系和产业体系建设，建成全国果业生产加工核心区、贸易物流枢纽区、高新科技研发区，全面提升陕西果业发展水平。力争到2020年，全省果园总面积达到2000万亩（占全省耕地面积6000万亩的1/3），总产量2335万t，果业"三产"总值3000亿元；果品质量、果农收入和果业组织化、信息化、规模化等指标达到现代化水平，实现习近平总书记提出的"果业强、果农富、果乡美"的宏伟目标。

多年的实践证明，陕西果业一直是陕西大农业中效益最好、风险最小、竞争力最强的产业。正如2008年时任中共中央政治局常委、中央书记处书记习近平参加第十一届全国人大一次会议陕西代表团的审议时说："陕西这些年来能源化工、高新技术、装备制造业发展迅速，苹果和旅游都成为知名的品牌，生态建设让黄土高原的基调由黄色变成绿色，支柱产业的潜力和前景非常看好"。2010年国务院总理温家宝在陕西调研经济发展情况时说："一个小苹果，可以读出中国的经济学"。2015年2月习近平总书记来到延川县梁家河村调研时指出："苹果、猕猴桃等果业已成为陕西农业的重要优势主导产业，成为全球集中连片种植苹果的最大区域，实现了果业强、果农富、果乡美"。同时，他强调，"陕西果业要提高生产标准化水平和科技含量，延长产业链条，推动果业发展迈上新台阶"。

29.4 陕西省果业扶贫的成功经验值得在全国推广

陕西渭北农业生产条件差，"面朝黄土背朝天，十年九旱闹饥荒"是20世纪80年代前农民生活的真实写照。曾在发展生产、脱贫致富方面走了不少弯路。经过近20年的实践探索，目前这里已基本形成了"一亩园胜过十亩田""小苹果，大产业""一个产业链，脱贫一千万"的脱贫致富格局。昔日的"穷窝窝"变成"金钵钵"。目前，陕西省已建成44个苹果生产基地县，其中老区县25个，全产业链从业人员逾千万，创出了"一户一亩苹果园，不愁脱贫过好年"的经验。实践证明，果业扶贫是最关键、最重要的扶贫措施。既能稳脱贫，又能不返贫；既能带动脱贫户致富奔小康，又能促进区域经济发展。

29.5 建议中国科学院等科研院校在陕西果业经济生态产业提升及示范推广中发挥重要促进作用

以前的陕西黄土高原是干旱缺水、缺吃少穿的贫困地区，被认为是不适合农业发展的荒地高原，但现在通过从种粮农业到发展果业的改革转型，成为绿色花果高原，丰衣足食、经济生态发展较好的地区。

我们2000年提出发展高水效农林复合农业（见2006年科学出版社《中国旱地高水效农业研究与发展》一书）。目前这一想法在陕西省果业发展中得到了实践证明，陕西省成为我国第一大果业生产大省，在保障粮食安全的同时，大幅度提高了农业经济收入，还改善了生态环境，减少了水土流失等，是我国农业供给侧改革的一个典范，但这个典范的经验没有得到系统总结和在国内外示范推广，建议中国科学院等有关科研院校提升创新陕西省经济生态果业，再利用中国科学院对经济、固碳、气候变化、水土保持、生态环境、经济效益等方面的宏观评估和科学研究，这样可以给国家树立一个既有农业供给侧改革创新模式又有先进科学理论依据支撑的典型，可以在我国乃至国外类似干旱半干旱地区示范推广，落实习近平总书记"一带一路"农业走出去战略。

30 建议国家重点发展黄土高原经济生态果业

我国出现了玉米等农产品生产过剩的形势变化,急需调整种植业结构。2016年习近平总书记指出:"推进农业供给侧结构性改革,提高农业综合效益和竞争力,是当前和今后一个时期我国农业政策改革和完善的主要方向"。以陕西苹果和宁夏葡萄为代表的经济生态果业已经成为我国农业供给侧结构性改革的两大典型,紧密结合黄土高原的自然资源禀赋和发展前景,我们建议国家重点发展黄土高原经济生态果业,实现农业经济收入增加、生态环境改善及可持续发展的多赢。

30.1 黄土高原经济生态果业发展的挑战与机遇

黄土高原包括太行山以西、青海省日月山以东,秦岭以北、长城以南广大地区,跨山西省、陕西省北部、甘肃省、青海省、宁夏回族自治区及河南省等省区,位于我国第二级阶梯,面积约 64 万 km^2,地貌复杂多样、沟壑纵横,气候干旱少雨,植被稀疏,水土流失面积 45.4 万 km^2。黄土高原是我国的主要贫困地区之一,1994 年列入"国家八七扶贫计划"的贫困县有 123 个,占到了黄土高原地区总县数的 46.68%,全国总贫困县数的 1/5。

黄土高原海拔为 800~3000m,由于日照充足,土层深厚,昼夜温差大、气候干燥,空气湿度低,病虫害发生轻等自然优势,水果品质极佳;由于工业少,对大气、土壤、地下水等生态环境污染轻,是我国生产无公害水果的最佳产区。陕西省黄土高原区是联合国粮食及农业组织认定的世界苹果最佳优生区,同时,陕西秦岭北麓、渭河以南地区又被公认为猕猴桃最佳优生区。宁夏贺兰山东麓地区是中国酿酒葡萄优质栽培地区之一,也是为数不多能与世界著名葡萄酒产区相媲美的地区之一。

随着气候变化和社会经济及科技的快速发展,全国苹果的主产区已从原来以山东为核心的渤海湾地区转移至以陕西为核心的黄土高原地区。中国苹果产量占到全球总产量的一半以上,其中 1/4 来自陕西,成为世界苹果生产大国。

经过 30 多年的经济生态果业的发展,黄土高原地区成为了多种水果的主产区,陇东、豫西、晋南及宁夏、青海等地的果业生产取得了长足进步,形成了驰名中外的果业品牌。成为黄土高原治理发展的创新之路和主导产业。

30.2 黄土高原两个经济生态协同发展的典型

陕西成为全国第一水果大省。陕西苹果产量占全国的1/4和世界的1/7，苹果汁产量占世界的1/3，猕猴桃产量占世界的1/3，樱桃、葡萄、梨、红枣的种植面积和产量都位居全国前列。陕西省已建成44个苹果生产基地县，其中老区县25个，创出了"一亩园胜过十亩田""一个产业链，脱贫一千万"的脱贫致富格局，有"一户一亩苹果园收万元，不愁脱贫过好年"的经验。

多年的实践证明，陕西果业一直是陕西大农业中效益最好、风险最小、竞争力最强的产业。正如2008年时任中央书记处书记习近平所说，"陕西这些年苹果和旅游都成为知名的品牌，生态建设让黄土高原的基调由黄色变成绿色，支柱产业的潜力和前景非常看好"。2015年，习近平总书记指出，"苹果、猕猴桃等果业已成为陕西农业的重要优势主导产业，成为全球集中连片种植苹果的最大区域，实现了果业强、果农富、果乡美"。同时，他强调："陕西果业要提高生产标准化水平和科技含量，延长产业链条，推动果业发展迈上新台阶"。

《陕西省现代果业发展规划（2015~2020）》指出，力争到2020年，陕西省果园总面积达到2000万亩（占全省耕地面积6000万亩的1/3），总产量2335万t，果业总产值超过1300亿元，配套关联产值达到700亿元，果业力争成为陕西省农业产业中市场竞争力最强、效益最好的产业。

葡萄酒已成为宁夏的第二大产业。目前宁夏葡萄种植面积达64万亩，其中酿酒葡萄57万亩，产量20万t，建设酒庄184个，其中已建成投产85个，正在建设99个，综合产值达166亿元。出台了《中国（宁夏）贺兰山东麓葡萄产业文化长廊发展总体规划》等一系列扶持和法规政策。宁夏葡萄酒产业正朝着"五个一"的发展目标迈进：到2020年，推进100km葡萄文化长廊建设，全区葡萄种植面积达到100万亩，建成100家以上高品质酒庄，实现1000亿元综合产值，吸纳10万人就业。

陕西和宁夏将经济生态果业作为黄土高原区域主导产业大力发展，是落实习近平总书记"既要绿水青山也要金山银山"绿色生态经济发展战略的典型，替代了发展水土保持林、生态林、薪炭林等，实现了生态环境改善和提高农民经济收入的双赢。

30.3 黄土高原经济生态果业将推动"一带一路"战略实施

2013年，中国国家主席习近平在哈萨克斯坦提出丝绸之路经济带的建设。陕西省将与哈萨克斯坦建立10个中哈苹果友谊园，积极融入"一带一路"战略。近日，第一届世界苹果大会也形成了"杨凌宣言"：依托西北农林科技大学组建国际苹果研究院，启动国际苹果大数据中心。将进一步在陕西召开世界猕猴桃发展研讨会和世界果汁大会。这些将加强中国果业在全球的主导战略地位，也将给经济生态果业的发展带来新的动力。宁夏借葡萄酒产业这个"紫色名片"，作为"一带一路"战略向外拓展时与国际交流的重要手段与方式。

30.4 建议国家重点发展黄土高原经济生态果业

30.4.1 建议相关地区学习借鉴陕西和宁夏发展经济生态果业的经验和发展模式

就黄土高原治理与发展以前进行过许多探讨和实践，有历史上的垦荒发展农业，有新中国成立后的平整土地治理水土流失，粮草轮作，农牧结合，以及20世纪90年代全面实施的退耕还林还草和封山育林。

近30年来，通过从种粮农业到发展水土保持生态林草再到发展经济生态果业的创新改革转型，使以前的干旱缺水、缺吃少穿的贫困地区，被认为不适合农业发展的荒地高原，成为绿色花果高原，丰衣足食、经济生态发展较好的地区。

陕西和宁夏将经济生态果业作为黄土高原区域主导产业迅猛发展，是我国农业供给侧结构性改革的两个典范，但其成功经验和技术尚没有得到系统总结和在相似生态类型区域予以示范推广。建议相关地区学习、借鉴陕西和宁夏发展经济生态果业的经验和发展模式，根据各地的气候生态环境条件，发展适合当地的果业及其他类型的经济产业，推动农业供给侧改革发展。

30.4.2 建议国家设立黄土高原经济生态果业提升重点专项

黄土高原长期以来是中国科学院资源环境和现代农业的一个重要科研阵地。在水土保持和现代农业发展方面取得许多重要成果，为黄土高原科学治理做出了重要贡献。中国科学院生态环境研究中心2013年在《科学报告》研究证实，退耕还林还草是黄土高原地区生态系统固碳增加的主要原因，2000～2008年黄土高原地区生态系统固碳量增加了9610万t（相当于2006年全国碳排放的6.4%），该区域生态系统已从碳源转变为碳汇。中国科学院"十三五"发展规划纲要中，明确提出了60个重点突破，其中一个重要发展方向是"现代农业区域示范"，部分内容是："在西部省区因地制宜开展特色高值生态农业技术集成与示范"。

建议国家设立黄土高原经济生态果业提升重点专项，联合国家发展和改革委员会、中国科学院、农业部、林业局、省市农林科研院所，优化黄土高原农业和经济生态产业结构调整。将先进的绿色生物农业技术在经济生态果业中加以集成应用，加快黄土高原经济生态果业的提升壮大。开拓扩大经济生态果业发展适宜区和国内外销售市场，以及在果品质量和经济效益提升、产业链延伸、水土保持、生态环境、固碳及碳交易、减少温室气体排放等方面深入开展科学研究，形成既有农业供给侧改革模式又有先进科学理论支撑的示范典型，在我国类似干旱半干旱地区辐射推广。

30.4.3　将黄土高原建成世界级的经济生态果业基地

黄土高原水土流失严重、经济文化科技落后，20世纪80年代联合国开发计划署（UNDP）项目在陕西、甘肃、宁夏等地区，对黄土高原治理进行了大量资助。如今，黄土高原发展经济生态果业实现了水土保持、生态环境改善、经济收入增加多赢，成为我国农业供给侧改革和脱贫致富的典型，也是世界上在干旱半干旱地区治理水土流失改善生态环境及脱贫致富的成功典型。建议我国政府进一步重点发展黄土高原经济生态果业，打造世界级的经济生态果业生产基地，延伸产业链，提升产品质量和经济价值，扩大国内外市场。建立国际化的果业产品期货和现货交易平台，在世界干旱半干旱地区和水土流失地区进行示范推广，促进农业科技在"一带一路"创新战略中的落实，富民强国。

31　加强生物育种技术协同发展

随着生物育种技术快速发展，转基因育种技术引起全球关注。本部分从自然界基因转移和物种进化等方面进行了有关转基因争议方面的释疑；提出要根据生物遗传育种的研究条件、改良作物、改良性状等方面的需要，协同发展不同层次的生物育种技术，培育出抗逆、优质、高产品种。最后根据物种抗性竞争进化的原理，建议要科学利用生物多样性和农艺措施防治作物病虫害，减少环境污染，保障生物多样性和人类健康。

气候变化导致灾害频发，我国耕地减少，粮食增产要靠提高单位面积产量，靠选育和种植抗逆、高产的优良作物品种，加大生物育种协同发展，以在保障中国和世界粮食安全中发挥重要作用。

31.1　生物育种技术的发展

生物育种的定义是培育优良生物的生物学技术。从生物遗传育种的科学发展过程来看，应包括诱变育种、杂交育种、单倍体育种、多倍体育种、细胞工程、分子标记辅助育种和转基因育种等方法。在基因组测序、功能基因和基因调控（转录因子、基因编辑）的基础上，根据当前生产改良性状的需要和推广品种的不足，有针对性地进行分子设计育种，实现不同性状的基因模块组装，建立有明确遗传改良目标和高效率的现代生物育种体系，是分子设计育种的核心[1~4]。

从以上生物育种的发展过程来看，转基因育种是生物育种的一种新技术。转基因作物又称为遗传修饰的作物（genetically modified crop，GMC），实际上应该和用其他多种遗传育种改良技术培育的遗传改良作物（genetically improved crop）是同义的，因此，从生物学意义讲没有必要单独标注转基因作物及农产品（反而容易引起歧义），以便和通过有机栽培等方法改善的作物和农产品的概念区别开来。

要正确理解转基因概念，合理利用转基因育种技术，科学对待转基因农产品，协同发展多种生物育种技术，才能利用不同的育种方法培育出更多的优良品种。

31.2 基因转移是生物进化的核心和普遍现象

转基因虽然是一个新的名词,但转基因的实质就是基因重组或者基因交流。基因转移有水平转移和垂直转移两种方式。水平基因转移(horizontal gene transfer, HGT)是指在差异生物个体之间,或单个细胞内部细胞器之间所进行的遗传物质的交流。水平基因转移是相对于垂直基因转移(亲代传递给子代)而提出的,它打破了亲缘关系的界限,使基因流动的可能变得更为复杂[5,6]。对陆生植物基部类群小立碗藓(*Physcomitrella patens*)基因组学分析结果表明,小立碗藓基因组中有57个基因家族共128个基因为HGT起源,分别来自细菌、真菌及病毒,说明在陆生植物起源演化的早期阶段,物种间的水平基因转移可能促进植物由水生环境向陆生环境转变[7]。

因此,生物就是通过自然的自交和异交进行转基因,推动了生物由低级到高级的进化,形成了生物种类复杂多样的生物圈。例如,现代的六倍体普通小麦,就是通过野生一粒小麦(AA)和拟斯卑尔脱山羊草(BB)自然杂交,产生了野生二粒小麦(AABB);后者再和粗山羊草(DD)进行了自然杂交,产生了普通小麦的祖先种——斯卑尔脱小麦(AABBDD)。世界各地各种野生小麦资源和栽培小麦品种都是通过自然杂交和人工杂交育种演变而来[8]。

在世界广泛种植的小麦品种中,就有许多是小麦和山羊草、黑麦、偃麦草等的远缘杂交后代。远缘杂交不但创造了新物种,还在旧物种改良中发挥了重要作用[9]。我们通常主要进行的小麦等作物品种间的人工杂交,实际上就是全部基因组大规模的转基因。

31.3 转基因产品在自然界普遍存在

我国古代先民就进行过杏和李子、大枣和酸枣树等不同树种的嫁接,实际上是利用无性繁殖进行基因水平转移,培育出新的杏和大枣品种。我国许多中草药就是自然杂交(转基因)进化而来的,许多中草药不但可以给人治病,还可以用于防治生物的各种病虫害。因此,转基因植物并不可怕,关键是如何在不同条件下,适度选择利用这些自然和人工转基因的具有不同生物功能的生物资源。

海洋占地球表面积的70%,其中有成千上万的丰富海洋生物资源,它们都是由海洋生物之间的自由基因交流形成的,为人类提供了丰富的食用和医用及工业资源。

从1996年至今,有59个国家和地区得到监管机构批准进口转基因作物用于食物和饲料及释放到环境中,涉及25种作物。作为转基因作物商业化的第17年,

2012年全球转基因作物种植面积达到1.703亿hm^2，呈连续增长趋势[10]。

31.4 转基因育种是为了克服物种间生殖隔离的一种遗传改良技术

我们通常很难得到物种之间的杂交种，如小麦和玉米就很难自然和人工杂交成功，主要是由于物种间有很强的生殖隔离机制。现代人工转基因技术能够打破物种界限，获得新物种。

转基因育种技术首先是在不同种类生物中有目的地克隆出关键基因，利用各种生物（根癌农杆菌、花粉管通道法、噬菌体等）和非生物转基因技术（基因枪法、理化诱导细胞融合法等），有针对性地定向和定量导入受体物种进行生物某些性状的遗传改良。例如，科学家将微生物的维生素A合成基因转到水稻中，培育成了可以医治人类贫血病的金色稻[11]。因此，转基因并不可怕，并不神秘，可以利用其为改善人类生活和健康服务。

31.5 生物育种技术应协同发展

转基因是为了克服生物远缘杂交困难而建立起的一种高端生物杂交技术，有其一定的应用条件，并不是所有的生物性状改良都必须利用转基因技术。要因地因时制宜，采用不同的遗传改良方法，培育新的生物品种。

2013年9月16日《人民日报》公布转基因食品名单时，中国农业科学院油料作物研究所副研究员吴刚指出，与常规甜椒相比，我国曾经批准过的转基因抗病毒甜椒并没有明显优势，已经被市场自然淘汰。转基因的延熟番茄储藏期比普通番茄长，但产量低、皮厚、口感差，也被市场淘汰；后来育种家培育出了非转基因的高产优质的延熟番茄[12]。这充分说明转基因育种并不能完全替代常规育种，常规育种也可以解决用转基因育种解决的问题，也许其效果更好，因为转基因一般改变的是单一性状，常规育种是全基因组基因转移，可以改变更多的农艺性状。

林拥军曾在2013年11月表明，对小麦的危害，主要虫害是后期的蚜虫，以及病害、干旱、寒冷等，这些问题目前还没解决，转基因小麦没有商业价值[13]。这也说明，在某些方面和常规育种相比，转基因育种并没有太大优势，还需要和其他育种技术和谐发展，要在常规育种的基础上进行协同创新。

2013年5月12日英国广播公司报道，科学家利用异花授粉和种子胚胎移植技术，实现了现代小麦与野草杂交，培育出了一种超级小麦，产量提高30%，并没有利用转基因技术[14]。

我国利用近缘物种间杂交的杂种优势培育出了超级水稻、杂交油菜等高产作物新品种，都不是利用现代转基因技术，而是利用杂交育种中等位基因的累加效应和非等位基因间的互作效应产生的杂种优势。

因此，在各种育种技术利用方面，要根据不同条件、不同植物育种的需要，给予不同程度的重视，要加强联合，和谐发展，不能偏颇。

31.6 科学地看待转基因农作物种植

关于转基因植物种植的问题，也需要用科学发展观看待。例如，我们吃的是转基因大豆产品，国内外市场需要转基因大豆等作物，因此，我们也可以适度发展转基因大豆等作物，一是可以满足食用和饲用，二是可利用转基因大豆生产蛋白质、生物能源、纤维、医用品等，都是很有发展前景的产业。因此，我们有理由相信，随着科学发展和社会的进步，欧盟等国家对种植转基因农作物政策的逐步开放，世界转基因作物种植面积将会越来越大。

31.7 转基因需要法律和道德约束及科学使用

转基因技术利用是双刃剑，转基因技术有多种用途，需要在世界范围内用法律和道德准绳加以约束。如果所转的基因和所转的受体植物，都是对人类和环境及生物多样性有害的，或者是可能用来作为其他不正当用途，都是绝不允许的，这应该是世界科学家共同遵守的道德准则和法律制度。为了国家生态安全，我们必须对外来物种包括转基因作物及农产品进行严格的检疫和食品质量安全检查，长期进行跟踪和深入研究，自己掌握转基因农产品的安全性试验结果，不能盲从和跟风，把粮食安全和食品安全的主动权掌握在自己的手中。

目前大家争论最多的是转抗病虫基因和抗除草剂基因是否对其他生物特别是对人类和环境有害，还需要谨慎对待和深入研究及正确宣传。

从作用机理上来说，Bt 蛋白是苏云金芽孢杆菌产生的一种伴胞晶体，本身没有毒性，是一种原毒素。当鳞翅目昆虫取食这种蛋白质后，其在昆虫肠道内会被一种碱性蛋白酶切割，降解为对昆虫具毒性的活性肽，形成"毒蛋白"。它能够和昆虫肠道细胞外膜上的特异性受体结合，在外膜表面穿孔，破坏细胞渗透平衡，最终导致昆虫厌食，继而死亡。对水稻造成最大经济损失的三种害虫，二化螟、三化螟和稻纵卷叶螟都是鳞翅目昆虫，处于 Bt 蛋白的杀虫谱中。绝大多数动物和人类体内既不具有可以激活原毒素的蛋白酶，又没有能和 Bt 蛋白特异性结合的受体。更何况鳞翅目昆虫体内是碱性环境，而人体消化道呈强酸状态，这种蛋白质最多只能存活 15s[13, 15]。

除草剂是一类通过干扰植物杂草重要代谢过程，如光合作用、呼吸过程，蛋白质或氨基酸、脂肪和色素的合成，以及细胞分化等来损害或杀死植物。转基因作物对除草剂的抗性有两个途径：一是把对除草剂不敏感的基因转入作物，使作物能够抵抗除草剂而正常生长；二是把能够降解除草剂的酶系统转入作物，使作物能够降解除草剂。使用最多的抗除草剂基因是抗草甘膦基因 *CP4-EPSPS*。其安全性研究表明，CP4-EPSPS 蛋白在哺乳动物消化系统中极易被分解掉，食入高达 572mg/kg（高于转基因大豆、玉米等植物中的 1300 倍）的 CP4-EPSPS 蛋白的小白鼠试验没有不良影响，其在肠系统中的半衰期小于 10min，在胃中的半衰期小于 15s。因此说明，转基因抗草甘膦大豆对动物和人是安全的[16]。

科学家经过大量的筛选和深入研究，筛选出了对人类无害，对特定病虫害和除草剂有控制和抗性的转抗病虫害和抗除草剂基因作物[17]，保障了作物高产潜力的正常发挥。

要利用基因定向表达调控技术，限制抗病虫害、抗除草剂等基因不能够在人类食用组织器官中进行表达，或利用基因消除技术，降解这些基因在食用器官中的存在。

转基因并非都有安全风险问题，例如，转高水分和养分利用效率、高光效、高产和优质等基因作物培育，就应该没有值得怀疑的理由。

31.8 加强生物技术在防治病虫害和杂草危害方面的协同发展

科学及安全地进行转基因植物培育不会对人类和环境造成伤害，但要单纯和大面积推广单一的优良（转基因）品种，则值得进一步实践探讨。

许多国家政府和大众对转基因植物持谨慎态度是可以理解的。这是因为，抗除草剂和抗病虫基因作物的大面积种植，可能导致生物产生抗性竞争进化，引起生物多样性变化和生态环境变化等问题。然而，不光转基因抗病虫和抗除草剂作物种植有诱导生物抗性竞争进化问题，大面积单一的常规育种育成的抗性品种的长期种植，也有导致抗性丧失的问题。

'碧蚂一号'小麦优良品种因为具有很好的抗条锈病和高产特点，20 世纪五六十年代，在我国种植达 1 亿多亩，由于小麦抗病品种抗源单一，造成小麦条锈病小种分化加快，产生了致病性更强的生理小种，结果导致'碧蚂一号'品种抗性丧失和减产，就是很典型的教训。

大面积长期种植转 *Bt* 抗虫基因棉花，确实能够减轻棉铃虫的危害，取得了良好的降解生态效益。但 2010 年 5 月 27 日，美国《科学》杂志刊登了吴孔明研究团队关于盲蝽象的研究结果，显示 Bt 棉种植地的害虫盲蝽象急剧增加，取代棉铃虫成为主要害虫。文章认为:"任何技术都不是万能的,不能指望能够一次性解决所有的问题,研究和评估也是一样。要达到生态的平衡,转基因技术还应该和其他技术相结合,形成综合治理体系。"[18]

长期种植抗除草剂基因作物,大量使用除草剂,一方面可能对环境和生物多样性有一定的危害,另一方面可能导致杂草产生抗药性,也可能对作物的生长发育及农产品质量有一定的影响,这些都值得深入研究。一些地区可以用深翻土壤、中耕、机械化刈割等物理和农艺措施减少杂草的危害。

关于防治病虫害有许多科学方法值得借鉴推广,不能够单靠一项技术,特别是农药和除草剂等化控技术,可以合理利用其他农业生物技术,利用生态链和食物链的原理,达到资源高效利用和生态平衡的目的。例如,1910年美国棉花主产区亚拉巴马州的棉田遭到了特大的象鼻虫危害,但当地农民通过利用多种作物种植间作套种,既消除了病虫害,又实现了经济转机,后来,他们给象鼻虫树立了一个纪念碑[19]。

2000年我国云南大学的朱有勇等在《自然》杂志发表《遗传多样性与水稻病害防治》一文,就是通过不同水稻品种的间作套种和混播,成功地防治了稻瘟病[20]。

同样,小麦锈病、赤霉病、白粉病等的生理小种也在同时不断进化,我们不但可以利用不同的抗病育种方法,而且可以利用转基因技术,培育病虫害新品种[21, 22]。

作物杂交常规育种,特别是杂种优势利用育种,都是利用基因组转移过程中的基因累加、基因互作和基因突变生产的杂种优势,是作物遗传改良中最普遍和重要、不可替代的育种方法。转基因是生物遗传改良的一种新方法,在抗虫和抗除草剂等方面有一定的优势,但还需要和其他遗传育种改良方法协同发展,才能在改良作物各种农艺性状、品质性状和抗逆性方面取得更大的进展。

参 考 文 献

[1] 黄大昉. 我国农作物生物育种发展战略思考[J]. 中国科学院院刊, 2013, 28 (3): 315-321

[2] 薛勇彪, 王道文, 段子渊. 分子设计育种进展[J]. 中国科学院院刊, 2007, 22 (6): 486-450

[3] 薛勇彪, 段子渊, 种康, 等. 面向未来的新一代生物育种技术——分子模块设计育种[J]. 中国科学院院刊, 2013, 28 (3): 308-314

[4] 郝心宁, 孙巍, 张学福. 生物育种领域知识结构演化分析[J]. 生物技术通报, 2013, 11: 186-192

[5] 张正斌. 基因转移的研究进展[J]. 世界科技研究与发展, 1999, 1: 63-66

[6] 李志江, 李海权, 刁现民. 基因水平转移的评判方法和转移方式研究进展[J]. 遗传, 2008, 30 (9): 1108-1114

[7] Yue J, Hu X, Sun H, et al. Widespread impact of horizontal gene transfer on plant colonization of land [J]. Nature Communications, 2012, 3 (1152): 1-9

[8] 李振声. 创造新物种与改良旧物种——远缘杂交在作物育种中的作用[J]. 中国农业科学,

1977, 3: 38-43

[9] 张正斌. 小麦遗传学[M]. 北京: 中国农业出版社, 2001: 3

[10] James C. 国际农业生物技术应用服务组织（ISAAA）: 2012年全球生物技术/转基因作物商业化发展态势[J]. 中国生物工程杂志, 2013, 33 (2): 1-8

[11] Ye X, Al-Babili S, Klöti A, et al. Engineering provitamin A（β-carotene）biosynthetic pathway into（carotenoid-free）rice endosperm [J]. Science, 2000, 287: 303-305

[12] 人民网. 人民日报公布转基因食品名单包括大豆玉米油菜[EB/OL]. http://finance.people.com.cn/n/2013/ 0916/c66323-22928472.html [2013-09-16]

[13] 王文佳. 解密转基因水稻[EB/OL]. http: //news.sina.com.cn/o/2013-11-10/151928671227.shtml [2013-11-10]

[14] 新华每日电讯. 英国培育出"超级小麦"[EB/OL]. http://news.xinhuanet.com/mrdx/2013-05/14/c_132380962. htm [2013-05-14]

[15] Shelton AM, Zhao JZ, Roush RT. Economic, ecological, food safety, and social consequences of the deployment of Bt transgenic plants [J]. Annu Rev Entomol, 2002, 47, 845-881

[16] Harrison LA, Bailey MR, Naylor MW, et al. The expressed protein in glyphosate-tolerant soybean, 5-enol-pyruvylshikimate-3-phosphate synthase from *Agrobacterium* sp. strain CP4, is rapidly digested *in vitro* and is not toxic to acutely gavaged mice [J]. J Nutr 1998, 126, 728-740

[17] 储成才. 转基因生物技术育种: 机遇还是挑战？[J]. 植物学报, 2013, 48 (1): 10-22

[18] Lu YH, Wu KM, Jiang YY, et al. Mirid bug outbreaks in multiple crops correlated with wide-scale adoption of Bt cotton in China[J]. Science, 2010, 328 (5982): 1151-1154

[19] 艾碧溪. 象鼻虫纪念碑[J]. 知识世界, 1982, 10: 25

[20] Zhu Y, Chen H, Fan J, et al. Genetic diversity and disease control in rice [J]. Nature, 2000, 406 (17): 718-722

[21] 张正斌, 胡晓君. 转基因小麦在争论中前行[J]. 生命世界, 2007, 9: 25-31

[22] 赵慧, 徐萍, 牛灿芳. 转基因小麦研究展望[J]. 世界科技研究与发展, 2005, 3: 32-36

[张正斌, 段子渊, 徐萍, 加强生物育种技术协同发展, 科技促进发展, 2014, 10 (4): 11-16]

32　加强西藏高产优质抗逆冬小麦育种和生产

西藏是我国的战略高地，随着气候变暖，西藏农业发展潜力很大。以前长期认为西藏小麦产量高但蛋白质含量低，加工品质差。西藏每年要从内地调运上亿公斤的优质小麦面粉等。通过近年来与西藏农业科学院合作的小麦品质遗传改良，我们建议国家进一步加强西藏高产优质抗逆冬小麦育种和示范推广。

32.1　目前存在的问题

32.1.1　冬小麦种植面积有下降的趋势

自 20 世纪 50 年代中国农业科学院庄巧生院士在西藏第一次引种冬小麦成功后，到 20 世纪中后期，小麦已发展为西藏第二大粮食作物，冬小麦已占小麦播种面积的 80%。西藏小麦从无到有，由春麦区发展成为冬春麦兼种区，再发展成为冬小麦主栽区。受栽培技术和科技决策等方面的影响，当前西藏冬小麦种植面积不足 60 万亩，近年来有下降趋势。

32.1.2　冬小麦面粉需求增长迅速

由于西藏当地青稞和春小麦品质不好，不能满足烘烤乃至蒸煮食品制作的需要（包饺子易烂，擀面条易断，蒸馒头像砖）。随着旅游人口的快速增加，西藏对冬小麦优质面粉需求量在快速增加，2000 年前后每年要从内地调运 1 亿 kg 优质面粉作为调剂粮。目前可能调运更多。

32.1.3　农业科技人才匮乏

长期以来，由于条件艰苦，西藏从事小麦育种的机构和人员在不断减少。例如，日喀则地区农科所冬小麦育种领域科研人员已全部流失。

32.1.4　西藏农田水利建设和高标准农田建设相对落后

西藏现有耕地面积 360 万亩，中低产田占 60%。西藏"一江两河"（雅鲁藏布江和拉萨河、年楚河）农业主产区主要靠自流灌溉，砂石地面积非常大，经常遭受干旱洪涝等灾害，产量低而不稳。

32.1.5　急需发展粮饲兼用高产优质作物

西藏高寒地区，牧草生长季短，饲草总量不足，导致家畜"夏肥、秋壮、冬瘦、春死"是常态，"缺草更缺料"，全区年低水平（季节保命）补饲饲料需求为 50 万～60 万 t，正常（全年温饱）育肥补饲需求 100 万～200 万 t。在适宜地区，西藏冬小麦亩产比青稞稳增 100 斤以上，冬小麦产量和蛋白质都高于青稞，西藏部分农区喜欢种植株较高、生物学产量和籽粒都较高的冬小麦品种，作为粮饲兼用高产作物，其秸秆可以和青稞秸秆及青草混合，或经过氨化处理喂养牲畜。

32.2　发展冬小麦的有利条件

32.2.1　气候变化利于西藏冬小麦种植

西藏自治区气象局发布的气候变化监测公报显示，1961～2012 年西藏年平均气温上升了 1.6℃，年降水量增加了 33mm。西藏全区温度普遍上升，拉萨地区近两年来曾经创下 30℃的高温天气纪录。随着气候变暖，西藏冬小麦种植面积和产量还有一定发展和提高潜力。

32.2.2　青藏高原气候冷凉、光照充足，有利于小麦高产和超高产

江孜县农科所 1977 年曾在 1.2 亩试验田里，创造了全国冬小麦最高亩产纪录 1970 斤。西藏自治区科技厅 1997～1998 年组织实施了"冬小麦万亩千斤技术项目"。林周县、乃东县和日喀则市在 1 万～2 万亩都达到了平均亩产 1000 斤左右，创大面积冬小麦高产纪录。

32.2.3 "初春死苗"问题可解决

西藏冬小麦生产威胁是"旱"而不是"冷"。"一江两河"地区（3000m 以上新推广区域）冬季极端低温从 20 世纪 60 年代试种推广冬小麦时就不是很低，冬季月夜最低温度为−15℃左右，比北方麦区高得多。真正影响该区冬小麦生产的是冬春干旱（且多风）和初春返青之时的"倒春寒"。"越冬死苗"实为"入春死苗"。因此，选育种植抗旱抗冻小麦品种，经过最近多年的栽培技术改进，在浇好越冬水的基础上，遇"倒春寒"受冻后立即灌溉施肥、加强麦田管理，可解决"初春死苗"问题。

32.2.4 农田水利建设力度加大

中央近 5 年为西藏投入水利建设资金 223 亿元，"十二五"以来，西藏新增供水能力 7 亿 m^3，新增和改善农田灌溉面积 149.8 万亩。冬小麦适种区的灌溉保障条件得到了一定改善，可解决冬季寒旱、春季无雨的困境。

32.2.5 西藏小麦品质遗传改良潜力初现

2017 年 1 月通过农业部谷物及制品质量监督检验测试中心检测表明，由西藏农科所提供的在拉萨种植、由中国科学院农业资源研究中心和西藏农科所联合选育的 8 个小麦品系，蛋白质含量从 2012 年的 10%左右提高到 2016 年的 14%以上，部分品系属于中强麦类型，个别品系接近 15%的强筋麦标准。另外制作面条和面包重要指标，如面团形成时间，从 2012 年的 1min 提高到 2016 年的 2.5min。稳定时间从 2012 年的 0.8min 提高到 2016 年的 1.5min。延伸性从 2012 年的 125mm 提高到 2016 年的 170mm，都有明显提高，对改良西藏小麦加工品质发挥了重要的遗传改良推动作用。国内外大量的研究表明，高产和品质间的矛盾，是分别由不同的基因决定的，西藏小麦品质普遍差，主要是由于其中没有导入优质蛋白亚基基因，如果加快西藏小麦品种的分子遗传改良技术应用，在西藏设立优质小麦品种区域试验，引导优质小麦示范推广，将逐步满足西藏对优质小麦的部分需要。

32.3 具 体 建 议

32.3.1 建议国家有关部门设立西藏高产优质抗逆冬小麦育种和示范推广专项

西藏高原冬春干旱少雨，风沙很大，小麦容易遭受干旱和冻害。由于西藏冬小麦生育期长达 330 天，是西藏常年的绿色植被，因此，冬小麦种植对西藏粮食安全和生态环境保护都具有重要作用。同时冬小麦优质品种少，更新换代慢，因此建议加快高产优质抗逆冬小麦品种的引种和遗传改良。

32.3.2 建议在拉萨、林芝和日喀则等地建立国家级冬小麦品种区域试验点

目前西藏只有在山南农科所部署有国家级冬小麦品种区域试验点，点数偏少，代表性不足，因此建议在拉萨、林芝、日喀则也设置国家级冬小麦品种区域试验点。多点数据的采集和利用将更有利于促进西藏全境的冬小麦育种科研和生产，同时可在高海拔区筛选出更加抗冻、抗旱、抗逆的冬小麦品种，扩大冬小麦种植面积。随着拉日铁路通车，日喀则作为后藏的战略地位和西藏粮仓的作用将更加突显，日喀则冬小麦播种面积的增加势在必行。

32.3.3 建议在国家小麦产业体系中增加西藏小麦产业体系建设

西藏小麦生产农业机械化程度低，耕地质量普遍较差，灌溉保障率低，高标准农田少，化肥投入少，难以全面发挥西藏小麦高产的潜力。目前国家小麦产业体系里没有包括西藏，西藏小麦种植面积虽然不是很大，有 80 万～100 万亩的种植潜力，但考虑到小麦是西藏第二大粮食作物，以及其对稳疆富民的重要性和特殊性，建议在国家小麦产业体系中增加西藏冬小麦产业体系建设。在扩大冬小麦播种面积的同时，大面积改造中低产田，提高冬小麦育种的整体科研、生产水平，减少从内地调运冬小麦或面粉的负担。

32.3.4 加快彩色、营养等优质小麦品种在西藏的示范推广和改良

西藏高寒缺氧，水果蔬菜少，维生素等营养元素补充不足。近年来，国际上启动了生物强化育种项目，旨在通过选育自身富含各种维生素、氨基酸、微量元素的作物品种，增强人类体质。大量国内外研究表明，彩色小麦富含花青素、维生素、微量元素等，营养丰富，特别是花青素具有很好的抗氧化、抗癌等作用。中国科学院遗传与发育生物学研究所农业资源中心张正斌研究员利用远缘杂交培育成了富含蛋白质和各种氨基酸、维生素、微量元素等微量营养物质的彩色小麦，目前已经将 400 多份彩色小麦资源成功引种到西藏，可加快西藏冬（春）小麦营养品质的改良。中国科学院成都生物研究所王涛研究员和西藏农业研究所联合开

展西藏小麦淀粉品质遗传改良研究，通过以西藏主推冬小麦品种'肥麦'为遗传背景，采用分子辅助育种技术导入优质基因，目前已获得农艺性状优良的高产全糯小麦稳定品系5个。因此，适度调整种植结构，通过冬小麦和青稞等作物的轮作，扩大高产优质冬小麦和糯小麦种植，搭配青稞食用，有克服营养缺陷和改善种植结构的作用。彩色小麦面粉可以加工成系列营养功能食品，糯小麦可以改善西藏小麦加工与营养品质，可为西藏优质面条、冷冻食品、快餐食品生产及酿酒等领域提供原料。

时至今日，西藏小麦品质仍处于全国小麦产区最低水平。建议中国科学院等相关单位和西藏小麦育种团队进行协同攻关，加快西藏全境高产优质冬小麦的育种、示范和推广，造福西藏人民。

32.3.5 建议国家有关部门在农业科技重大研发计划中设立西藏麦类作物遗传改良与示范推广专门项目

西藏麦类作物如青稞（大麦）和小麦是西藏的主粮，随着气候变暖、冬青稞和冬小麦的种植面积在不断扩大，对保护西藏的生态环境和粮食安全有着不可替代的战略作用。同时随着西藏畜牧业的快速发展、对抗逆高产优质麦类牧草（如黑麦草）人工栽培需求量很大。但依靠西藏现有的科技力量和经费支持强度，还远远满足不了西藏麦类作物遗传改良和示范推广的需求，因此建议国家科技部、发展改革委员会、中科院、农业部等相关部门，在农业科技重大研发计划中设立西藏麦类作物遗传改良与示范推广专门项目、重点支持建立西藏麦类作物遗传改良和示范推广工程中心，或者联合建立中国科学院-西藏麦类作物遗传改良和示范推广重点实验室。全面长久的支持西藏农业的高科技发展，在保障西藏的重要战略地位和提高西藏人民生活水平中做出重要贡献。